"Inadequação, desmerecimento e baixa autoestima. Este livro oferece ferramentas eficazes para lidar com sentimentos que costumam ser tão comuns entre os adolescentes. Os leitores aprenderão diversas estratégias para se aceitar, mudar padrões de pensamentos negativos e se comunicar melhor. De fácil leitura, o livro possui uma linguagem clara e ainda está repleto de exercícios práticos. Recomendo fortemente!"

—**Martin M. Antony, PhD, ABPP**, professor de psicologia na Ryerson University em Toronto, no Canadá. Coautor de *The Shyness and Social Anxiety Workbook* e *The Anti-Anxiety Workbook*

"A partir de uma perspectiva de compaixão e valorização, *Exatamente como você é* é uma leitura que ajuda as pessoas mais jovens a avaliarem suas próprias histórias negativas. Vários tipos de leitores se identificarão com os relatos pessoais e exercícios nestas páginas. Um livro realmente útil!"

—**Ben Sedley, PhD**, psicólogo clínico e autor de *Stuff That Sucks*

"Frente a frente com a implacável autocrítica, este é um belo guia em direção à autoaceitação. A sensação de que nunca somos bons o suficiente ou que somos insignificantes é uma enorme fonte de sofrimento e inércia. Este livro é uma virada de jogo, um sopro regenerativo de gentileza e autocompaixão."

—**Matthew McKay, PhD**, coautor de *Autoestima em primeiro lugar*

"Todos nós enfrentamos batalhas internas com partes de nós mesmos e, em alguma camada, sentimos que *não* estamos bem. Contudo, além de exaustiva e traiçoeira, essa necessidade coletiva de aparentar que está tudo sob controle é também solitária. Através da leitura das histórias de outras pessoas que vivem essa mesma luta, de exercícios para revertê-la e de desafios à própria autocrítica, poderá aprender a se aceitar *Exatamente como você é*, com o mesmo cuidado e acolhimento que dedicaria ao seu melhor amigo."

—**Janetti Marotta, PhD**, autora de *50 Mindful Steps to Self-Esteem*

"Muitos jovens lutam com o sentimento de não se sentirem bons o bastante ou de acreditarem que há algo profundamente errado com eles. *Exatamente como você é* é um guia com o passo a passo para desconstruir essas crenças internas negativas. Michelle e Kelly Skeen oferecem ferramentas para compreender a si mesmo, identificar seus pontos fortes e mudar hábitos prejudiciais. Elas ensinam a atenção plena e a autocompaixão em uma linguagem simples que agradará a todos, mesmo aqueles que são céticos em relação a livros de autoajuda."

—**Ann Marie Dobosz, MA, MFT**, autora de *The Perfectionism Workbook for Teens*

"Mais um livro elegante, acolhedor e, principalmente, útil, escrito por Michelle Skeen. Tal como acontece com seus outros livros, sua mão ultrapassa as páginas ao trazer uma mensagem de orientação e encorajamento potente e, ainda assim, carinhosa. Em uma época em que os jovens se sentem afastados, isolados e ignorados, Michelle oferece sua voz única e reconfortante; um colete salva-vidas para aquele lugar sombrio e impiedoso de aversão e autocrítica no qual muitos jovens acordam todas as manhãs.

Um complemento aos conselhos sagazes de Michelle surge com a voz de Kelly, sua filha. É bastante comum que os jovens se sintam exaustos após longas conversas sobre o que devem fazer, sem saber como começar sua jornada de cura. Através de sua sabedoria juvenil, Kelly oferece lindamente um 'Ei! Olha só como as coisas funcionam! Viu, não é tão difícil assim!'. Um baita incentivo poderoso!"

—Thomas Roberts, LCSW, psicoterapeuta, hipnoterapeuta clínico, professor e líder de retiros de meditação e atenção plena, autor de *The Mindfulness Workbook*

"Michelle e Kelly Skeen escreveram uma ferramenta poderosa para ajudar jovens a atravessar o mundo complicado da autoaceitação. Suas palavras são instigantes, genuínas e gentis. Os adolescentes se identificarão com as histórias sinceras e aprenderão a acolher e valorizar seu verdadeiro eu."

—Julia V. Taylor, PhD, conselheira educacional na Universidade de Virgínia em Charlottesville, Virgínia, Estados Unidos da América; autora de *The Body Image Workbook for Teens*; e coautora de *The Bullying Workbook for Teens*

"Com uma voz carinhosa e ponderada, *Exatamente como você é* fala diretamente com os muitos adolescentes que se sentem desconfortáveis em sua própria pele. Por meio de princípios como a autoaceitação e a autocompaixão, o livro está repleto de exercícios cuidadosamente elaborados. Nele, os jovens experimentarão o grande poder que surge ao assumir quem se é de verdade."

—Michael A. Tompkins, PhD, ABPP, coautor de *The Relaxation and Stress Reduction Workbook for Teens* e codiretor do San Francisco Bay Area Center for Cognitive Therapy

Coleção *The Instant Help Solutions*

Atualmente, mais do que nunca, existe, entre os jovens, uma grande necessidade de acesso aos recursos relacionados à saúde mental. É por essa razão que a New Harbinger, editora que publicou este livro originalmente, desenvolveu a *The Instant Help Solutions*, uma coleção de livros focada no público adolescente, ainda sem publicação integral no Brasil. Escrito pelos principais psicólogos, médicos e profissionais da área, esses livros de autoajuda, fundamentados em evidências, oferecem dicas práticas e estratégias para lidar com os desafios da vida cotidiana e com os diversos problemas de saúde mental enfrentados por adolescentes, como depressão, ansiedade, bullying, transtornos alimentares, traumas e problemas de autoestima.

Uma série de estudos têm mostrado que, quando os jovens aprendem desde cedo as estratégias para lidar com conflitos de forma mais saudável, eles se tornam mais capacitados para lidar com os eventuais problemas que surgirão. Envolventes e fáceis de aplicar, esses livros fornecem aos adolescentes as ferramentas necessárias para um desenvolvimento próspero — seja em casa, na escola ou depois, na vida adulta.

Essa coleção faz parte do selo *New Harbinger Instant Help Books*, fundado pelo renomado psicólogo infantil Lawrence Shapiro. Para obter uma lista completa dos títulos da série, visite: newharbinger.com

Exatamente Como Você é

Um Guia Adolescente Rumo à **Autoaceitação** e à **Autoestima**

Michelle Skeen **Kelly Skeen**

ALTA BOOKS
GRUPO EDITORIAL

Rio de Janeiro, 2024

Extamente Como Você É

Copyright © 2024 STARLIN ALTA EDITORA E CONSULTORIA LTDA.

Alta Life é um selo da editora Alta Books do Grupo Editorial Alta Books (Starlin Alta Editora e Consultoria LTDA).

Copyright © 2018 Michelle Skeen e Kelly Skeen.

ISBN: 978-85-508-2294-5

Translated from original Just as you are. Copyright © 2018 by Michelle Skeen e Kelly Skeen . ISBN 9781626255906. This translation is published and sold by Instant Help Books an imprint of New Harbinger Publications, Inc, the owner of all rights to publish and sell the same. PORTUGUESE language edition published by Starlin Alta Editora e Consultoria Ltda, Copyright © 2024 by STARLIN ALTA EDITORA E CONSULTORIA LTDA.

Impresso no Brasil – 1ª Edição, 2024 – Edição revisada conforme o Acordo Ortográfico da Língua Portuguesa de 2009.

Dados Internacionais de Catalogação na Publicação (CIP) de acordo com ISBD

S627e   Skeen, Michelle
          Exatamente como você é: um guia adolescente rumo à autoaceitação e à autoestima / Michelle Skeen, Kelly Skeen. - Rio de Janeiro : Alta Books, 2024.
          160 p. ; 15,7cm x 23cm.

          Inclui índice.
          ISBN: 978-85-508-2294-5

          1. Autoajuda. 2. Guia. 3. Adolescente. 4. Autoaceitação. 5. Autoestima. I. Skeen, Kelly. II. Título.

                                                       CDD 158.1
2024-181   CDU 159.947

Elaborado por Vagner Rodolfo da Silva - CRB-8/9410

Índice para catálogo sistemático:
1. Autoajuda 158.1
2. Autoajuda 159.947

Todos os direitos estão reservados e protegidos por Lei. Nenhuma parte deste livro, sem autorização prévia por escrito da editora, poderá ser reproduzida ou transmitida. A violação dos Direitos Autorais é crime estabelecido na Lei nº 9.610/98 e com punição de acordo com o artigo 184 do Código Penal.

O conteúdo desta obra fora formulado exclusivamente pelo(s) autor(es).

Marcas Registradas: Todos os termos mencionados e reconhecidos como Marca Registrada e/ou Comercial são de responsabilidade de seus proprietários. A editora informa não estar associada a nenhum produto e/ou fornecedor apresentado no livro.

Material de apoio e erratas: Se parte integrante da obra e/ou por real necessidade, no site da editora o leitor encontrará os materiais de apoio (download), errata e/ou quaisquer outros conteúdos aplicáveis à obra. Acesse o site www.altabooks.com.br e procure pelo título do livro desejado para ter acesso ao conteúdo..

Suporte Técnico: A obra é comercializada na forma em que está, sem direito a suporte técnico ou orientação pessoal/exclusiva ao leitor.

A editora não se responsabiliza pela manutenção, atualização e idioma dos sites, programas, materiais complementares ou similares referidos pelos autores nesta obra.

Produção Editorial: Grupo Editorial Alta Books
Diretor Editorial: Anderson Vieira
Vendas Governamentais: Cristiane Mutüs
Editor da Obra: Ibraíma Tavares
Gerência Comercial: Claudio Lima
Gerência Marketing: Andréa Guatiello

Produtor Editorial: Thales Silva
Tradução: Ana Clara Mattoso
Copidesque: Vivian Sbravatti
Revisão: Renata Vettorazzi; Renan Amorin
Diagramação: Joyce Matos
Capa: Marcelli Ferreira

Rua Viúva Cláudio, 291 — Bairro Industrial do Jacaré
CEP: 20.970-031 — Rio de Janeiro (RJ)
Tels.: (21) 3278-8069 / 3278-8419
www.altabooks.com.br — altabooks@altabooks.com.br
Ouvidoria: ouvidoria@altabooks.com.br

Para todos os adolescentes que já se sentiram diferentes, inadequados, limitados ou falhos.

Sobre as Autoras

Michelle Skeen, PsyD, é doutora em psicologia clínica e autora de sete livros, todos elaborados para aprimorar relacionamentos interpessoais, enfatizando a importância da identificação de valores fundamentais e intenções valiosas, pensamento limitado, atenção plena, autocompaixão, empatia e habilidades eficazes de comunicação e resolução de conflitos. Sua paixão é capacitar indivíduos na criação e manutenção de relacionamentos saudáveis, e trazer conscientização para os obstáculos (medos e crenças), que muitas vezes funcionam inconscientemente como limitadores no desenvolvimento de conexões com as pessoas ao nosso redor. Michelle acredita que, tanto a introdução precoce quanto a educação sobre os valores fundamentais, somadas a uma comunicação saudável, representam habilidades essenciais para uma vida bem-sucedida. Visando esse objetivo, Michelle e sua filha, Kelly, são coautoras de *Communication Skills for Teens* [sem publicação no Brasil] e *Exatamente como você é*.

Skeen completou seu pós-doutorado na Universidade da Califórnia em São Francisco. Codesenvolveu um protocolo validado empiricamente para o tratamento de problemas interpessoais, estudo que teve como resultado os dois livros: *Acceptance and Commitment Therapy for Interpersonal Problems* e *The Interpersonal Problems Workbook* [ambos sem publicação no Brasil]. O trabalho de Michelle foi mencionado em mais de trinta publicações ao redor do mundo. É apresentadora de um programa de rádio semanal chamado *Relationships 2.0 with Dr. Michelle Skeen*, transmitido nacionalmente em todo o território estadunidense. Para saber mais sobre a autora, visite o seu site em www.michelleskeen.com[conteúdo em inglês].

Kelly Skeen é recém-formada pela Georgetown University em Washington, DC. Durante a sua formação em Estudos Americanos, Skeen teve como foco de pesquisa os estudos em belas artes e museologia, e hoje planeja seguir uma carreira voltada para a expansão do acesso às artes visuais. Junto com sua mãe, Michelle Skeen, também é coautora de *Communication Skills for Teens*. Diariamente, Kelly Skeen se esforça por uma aceitação maior de si mesma, para que consiga acolher quem realmente é! Visite o site www.kellyskeen.com [conteúdo em inglês] para saber mais sobre os seus trabalhos.

Sumário

	Agradecimentos	xiii
	Introdução	1
1	O que Há de Errado na Forma como Eu me Vejo?	5
2	Por que me Comporto Desse Jeito?	17
3	Descubra o que Realmente Importa para Você	31
4	Conecte-se Consigo Mesmo e com os Outros	51
5	Atenção Plena e a Mente do Macaco	71
6	Emoções e o "Eu" no Olho do Furacão	93
7	Comportamentos e Formas Úteis de se Comunicar	119
8	Como me Mantenho nos Trilhos?	135
	Referências	141
	Índice	143

Agradecimentos

Este livro não teria sido possível sem o apoio de Matt McKay, Catharine Meyers e Elizabeth Hollis Hansen. Desde o início, apoiaram nosso livro e compreenderam a importância de identificarmos as mudinhas de crenças negativas antes que elas se tornassem crenças fundamentais profundamente enraizadas. Também queremos agradecer a toda a família New Harbinger por abraçarem nosso projeto. Tantas foram as pessoas que nutriram este livro do começo ao fim — é realmente fascinante o quanto conseguem realizar ao passo que tornam esta experiência tão prazerosa para nós. Obrigada!

Quero agradecer a minha filha, Kelly, por ter aceitado escrever este livro comigo. Começamos a nossa primeira obra, *Communication Skills for Teens*, quando ela ainda estava no ensino médio e terminamos de escrevê-lo durante o seu primeiro ano de faculdade. Enquanto escrevo estas palavras, ela já está quase na metade de seu último ano na faculdade. Por todas as demandas exigentes de uma graduação (que incluem o trabalho de conclusão de curso, equivalente à dimensão de um livro), participar desse projeto de escrita representou um grande compromisso. Escrever um livro juntas é uma experiência singular maravilhosa, e tivemos o privilégio de realizá-la duas vezes. Aprendi muita coisa nesse processo e serei eternamente grata por ter vivido tudo isso.

Abraços enormes e carinhosos para todos os nossos amigos que, seja nos menores ou nos maiores gestos, nos apoiam, e, o mais importante, nos aceitam exatamente como somos. C. S. Lewis encontrou palavras melhores para esse sentimento: "A amizade nasce no momento em que uma pessoa diz à outra: sério? Você também? Eu pensei que eu era o único." É bom sermos lembrados de que nunca estamos sozinhos.

E, por último, mas não menos importante, dedico os agradecimentos finais aos três homens mais fundamentais em nossas vidas — Jake, Eric (junto com um grande salve pela sua opinião sobre o manuscrito) e o papá de Kelly — simplesmente as melhores pessoas que poderiam existir!

Introdução

Normalmente, naqueles momentos em que enfrenta uma batalha interna e se sente mal consigo mesmo, você se sente ainda pior porque parece que não existe mais ninguém com a mesma dor. Pode ser que sinta que, se pelo menos alguém entendesse o seu sofrimento, se sentiria melhor. Mas também sabe que, se algo assim acontecesse, seria preciso compartilhar a parte, ou as partes de si mesmo, que tenta esconder. Se você se sente inadequado, incapaz, limitado, falho ou fracassado de alguma forma, nós queremos que saiba que não está sozinho nessa. Todos nós travamos batalhas com algum aspecto de nós mesmos. Esse sentimento é reforçado, e provavelmente agravado, pela presença constante das redes sociais e pelas mensagens ininterruptas e voláteis que recebemos sobre o jeito certo de agir, aparentar e se comportar se quisermos ser aceitos. Isso pode gerar a sensação de que, para nos adequarmos, precisamos esconder as partes de nós mesmos que não são perfeitas e/ou que não se encaixam na norma social dos dias atuais. Essa, por si só, já parece a configuração ideal para o fracasso.

Antes, queremos explicar uma palavra que usamos ao longo do livro: *limitado*. Essa palavra representa uma crença fundamental que, acreditamos, todos sentem em algum nível. É uma sensação de que há algo de errado com você. Esse sentimento faz parte de um espectro — é possível sentir isso em quantidades pequenas, médias ou grandes. Talvez sinta apenas em algumas áreas da sua vida, e não em outras, ou até mesmo em todas as áreas. Talvez seja algo muito específico e pessoal ou pode estar relacionado a sua família, origem ou comunidade. Quem sabe seja alguma coisa que acredite ser óbvia para todas as pessoas que o enxergam ou alguma outra coisa que não é visivelmente perceptível para os outros. A rigor, o sentimento é o mesmo — existe algo em você que o deixa envergonhado.

Ao sentir que existem partes de si mesmo que são inaceitáveis, é muito provável que sinta vergonha delas. E a presença desse sentimento também o impede de alcançar a expressão mais autêntica do seu ser e atrapalha o desenvolvimento de relações que permitem uma conexão profunda. Compartilhar as partes de si mesmo que aprendeu a esconder pode parecer uma tarefa impossível ao imaginar ou experimentar as consequências de compartilhá-las. Todas as pessoas se sentem assim em relação a alguma parte delas. Pode ser que seja apenas algum traço transmitido pela sua família — um tipo de mecanismo de sobrevivência, quem sabe —, ou algo que aprendeu a partir de interações com os seus colegas, ou então que desenvolveu por meio de expectativas sociais. Não importa de onde venha, o resultado é o mesmo: você não vive sua vida plenamente ou deixa de aproveitá-la.

Crenças desenvolvidas durante a infância e a juventude são o pontapé inicial para lutas travadas durante toda uma vida contra os sentimentos de inferioridade e autodepreciação. Este livro empodera e qualifica os adolescentes para que sejam capazes de identificar e eliminar essas crenças agora, no tempo presente, antes que elas se consolidem na vida adulta e causem problemas como depressão, dependência e relacionamentos malsucedidos. *Exatamente como você é* lhe oferece um caminho para compreender os seus sentimentos, mudar a sua percepção sobre si mesmo e alterar a influência que os outros exercem em sua vida.

Primeiro, olhará para as crenças sobre si mesmo e sobre as pessoas ao seu redor que o impedem de alcançar a vida que quer e merece ter. O primeiro passo para erradicar esse ciclo de negatividade é compreender como ele começou. Através da aceitação de suas imperfeições e de toda a completude do seu ser, aprenderá como se libertar dessas sensações de limitação, assim como de pensamentos distorcidos. Isso se tornará possível quando identificar os seus valores — o que significa tomar as decisões sobre o que realmente importa para você. Ao afirmar-se em seus valores, também se tornará menos suscetível às opiniões e críticas alheias.

Assim, aprenderá sobre a compaixão — ainda mais importante do que simplesmente aprender é aprender enquanto cultiva a autocompaixão, além de estender a compaixão a outras pessoas e permanecer aberto à compaixão que virá delas também. Na sequência, entrará em contato com a atenção plena como uma ferramenta de autoaceitação. Quando as suas crenças e pensamentos autodestrutivos forem acionados, ela o auxiliará a se manter no momento presente a partir de sua experiência atual, na qual deixa para trás uma reação pautada em falhas do passado.

Com essas habilidades, estará preparado para entender as suas emoções, sustentar o desconforto que elas podem trazer e tomar as atitudes que o direcionarão ao que mais valoriza. E não só isso. Você também aprenderá técnicas de comunicação eficazes para criar conexões com outras pessoas de maneira significativa.

Tudo isso combinado permite que encontre a sua autenticidade, desperte e mantenha conexões profundas com quem está ao seu redor e se aceite — exatamente como você é.

capítulo 1

O que Há de Errado na Forma como Eu me Vejo?

Não importa se tem 12 ou 19 anos, suas crenças sobre si mesmo já foram moldadas pelas interações com o ambiente ao seu redor. Um meio é formado por tudo aquilo com que entramos em contato — redes sociais, família, amigos, colegas, escola, comunidade, livros que lemos, programas de TV e filmes que assistimos, revistas... por aí vai. E todos esses meios se comunicam ou interagem com você e, assim, criam e enfatizam essas crenças sobre si mesmo, sobre outros e sobre o mundo que o rodeia.

Se essas crenças iniciais despertarem aquela sensação de que você, por alguma razão, não é merecedor ou, então, que é alguém pequeno, inferior, elas podem se enraizar tão intensamente que se torna cada vez mais difícil eliminá-las. Ao longo da leitura deste livro e, junto com ela, quando os exercícios também forem colocados em prática, logo entenderá as crenças negativas que nutre sobre si mesmo e, não só isso, também conseguirá identificá-las, acolhê-las com autocompaixão e, no fim, aceitará a si mesmo do jeito que é. Na sequência, os exercícios oferecerão um novo olhar para as suas experiências, e, com isso, um caminho para uma vida adulta com maior leveza, confiança e resiliência diante dos altos e baixos impostos poderá ser encontrado.

Como pode imaginar, suas crenças são formadas de uma mistura. É provável que algumas delas sejam positivas. Talvez faça amigos com facilidade, tenha um cabelo incrível, seja próximo de seus irmãos, destaque-se academicamente, seja bom em esportes e assim por diante. E também é provável que algumas sejam crenças negativas. Na verdade, isso pode significar que você esconde partes de si mesmo porque teme ser julgado, não aceito ou ambos. Talvez sinta que, de alguma forma, não se encaixa na "norma". Talvez sinta que há alguns aspectos de sua identidade sobre os quais você não controla ou não gosta — como etnia, religião, família, cultura, altura, cor dos olhos, biotipo... e tantos outros fatores. E, obviamente, por existirem figuras parentais que dominam partes da sua vida, dando-lhe pouco ou nenhum espaço para opinar, ainda existem diversas áreas totalmente além do seu controle — onde mora, que escola deve frequentar, atividades permitidas, quais pessoas se tornarão suas amigas, com quem pode namorar... a lista parece não ter fim. Como resultado de algumas dessas condições, há uma chance considerável que se sinta inadequado, falho ou simplesmente insuficiente — como se nunca fosse ser bom o bastante.

Este livro foi elaborado para ajudá-lo a obter uma maior consciência sobre as crenças negativas que podem impedi-lo de conquistar seus interesses, de se arriscar no desconhecido, de explorar e compartilhar todas as partes de si mesmo, e, ainda, de construir relacionamentos realmente significativos. A partir dessa nova consciência, é possível identificar e também compreender de que forma os seus comportamentos tendem a intensificar o que acredita ser negativo sobre si mesmo. Analisar para essas crenças — sejam as pessoais ou as relacionadas às outras pessoas —, que dificultam a completa aceitação de tudo aquilo que o compõe, será o nosso primeiro passo. Entender qual foi o gatilho que iniciou esse ciclo de negatividade é a primeira atitude para eliminá-lo. Uma vez que a tomada de consciência sobre elas for alcançada, você aprenderá a lidar com os pensamentos negativos que parecem torná-las ainda maiores. Com essa jornada, as ferramentas necessárias para romper com os comportamentos que agravam os sentimentos de limitação, desmerecimento, fracasso e inadequação finalmente serão conquistadas.

Suas Crenças Negativas

Em alguma medida, todo adolescente (você não está sozinho!) trava suas próprias batalhas contra os sentimentos de inadequação, limitação e autodesvalorização. Invariavelmente, sua autoestima será impactada por essas sensações e, talvez, isso se torne um empecilho no desenvolvimento de relações prazerosas com as pessoas do seu convívio, assim como a sua própria aceitação. Como praticamente todo mundo, você se importa com o que os outros pensam de você e provavelmente até se compara com seus colegas — e, agora, a presença das redes sociais só alimenta ainda mais essa tendência natural de comparação. Isso pode fazer com que se sinta falho diante de todas essas outras pessoas que aparentam ser tão perfeitas. À medida que esses sentimentos se repetem e intensificam, eles dão lugar a outros sintomas, como a vergonha, a depressão, a ansiedade e o isolamento.

Todos nós fomos programados para nos conectar com os outros, e é uma grande conquista quando conseguimos realizar conexões saudáveis. Tendo isso em vista, é compreensível que nós desejemos que os outros nos aceitem, e o mesmo se aplica ao medo que temos de sermos rejeitados e de não correspondermos às expectativas. Inclusive, você talvez até passe do ponto só para evitar o julgamento ou a rejeição alheia. Nesse sentido, talvez busque nos outros a sua própria afirmação; sente-se incapaz ou indisposto de tomar qualquer decisão sem a aprovação externa; ou, então, acha difícil escutar críticas a seu respeito, mesmo que sejam leves. Pode ser que encontre dificuldades para aceitar a si mesmo e dividir com o mundo aquelas partes da sua vida que não consegue controlar ou então acredita que precisa estar pelo menos um pouco mais organizado internamente para ser amado ou aceito pelas pessoas. Também é provável que encontre a maior parte da sua energia nos outros, como uma estratégia para distrai-los da sua própria sensação de insuficiência, que se materializa de diferentes formas. Nesse momento, é muito possível que você até já tenha pensado nas partes de si mesmo que o deixam mal ou que esconde dos outros porque tem medo do que possa acontecer. Também já deve estar consciente de como essas sensações o impedem de alcançar e realizar todo o seu potencial, assim como de construir e consolidar as relações que tanto deseja.

Vamos nos debruçar sobre os relatos de alguns adolescentes que compartilharam os seus sentimentos de incompletude e limitação e descobrir como suas vidas foram impactadas por se sentirem dessa forma.

Kamele

Kamele é o jogador principal do time de basquete do seu colégio. Um guerreiro calado que trabalha duro e é popular e querido por todas as pessoas. No entanto, é quieto. Para os seus amigos e colegas, essa quietude toda apenas atesta que ele é um cara descolado. Até porque, falar não é tão necessário assim, uma vez que ele está sempre muito ocupado ganhando todas as partidas dos jogos de basquete e ainda sendo um companheiro de time e amigo leal.

Agora vamos saber de Kamele sobre a sua experiência:

Falar muito com as pessoas me deixa completamente assustado porque tenho medo que pensem que eu sou um idiota. Quando eu era menor, e morávamos em uma outra cidade, desenvolvi gagueira. Meus pais me mandaram para um fonoaudiólogo, e, ao longo do tempo, consegui me livrar disso, ou pelo menos de uma boa parte. Mas quando fico nervoso ou estressado, ela reaparece. Até hoje me lembro do constrangimento que passava naquela época. Era tudo muito doloroso. Em alguns dias, eu sequer conseguia me levantar da cama para ir à escola. E agora, por ter medo do julgamento dos outros, de ser visto como alguém inadequado e de ser rejeitado, escondo essa parte de mim.

Definido externamente como uma estrela do basquete colegial, essa apresentação de Kamele é um grande contraste comparado com o que vive internamente. E isso se torna uma barreira no momento em que tenta desenvolver conexões mais profundas e autênticas com as pessoas ao seu redor. Temos medo de ser rejeitados se as partes que consideramos imperfeitas, inadequadas, limitadas ou falhas dentro de nós vierem à tona diante dos outros. Você se preocupa que as pessoas o diminuirão caso descubram quais são as áreas da sua vida que sente dificuldades em aceitar?

Gaia

Com milhares de "amigos" no Facebook e seguidores no Instagram e Snapchat, Gaia é um fenômeno das redes sociais. Ela é linda e inteligente — ninguém consegue deixar de "curtir" as suas postagens. Ao geralmente escolher jeitos criativos de se vestir, suas roupas costumam ser as mais estilosas e desejadas, e, para completar, as legendas que produz para as suas fotos são sempre interessantes. Em resumo: todas as pessoas querem ser como ela ou, então, querem ser amigas dela.

Isso é o que Gaia tem a dizer sobre a sua experiência:

Todos os momentos do meu dia são completamente tomados por preocupações sobre o que preciso fazer para que as pessoas gostem de mim. Planejo as minhas postagens nas redes sociais com um nível de detalhe que chega a ser insuportável: na maioria das vezes, chego a tirar pelo menos umas vinte selfies até que uma delas pareça boa o bastante para ser postada; então começo a modificá-la com programas de edição e coloco algum filtro que me deixe do jeito que quero aparentar; uma vez que consigo completar essa fase, me torturo pensando em qual será a legenda que postarei junto com a foto. É como se eu vivesse com um medo constante de não ser querida por quem está ao meu redor. E a verdade é que não tenho nenhum amigo que seja realmente próximo porque tenho esse receio de mostrar que as minhas "postagens perfeitas" em nada se parecem com a imperfeição que sinto dentro de mim.

Cuidadosamente, Gaia cultivou a imagem que queria projetar nas pessoas ao seu redor. No entanto, seus sentimentos de autovalorização diminuíram pela constante comparação que acontece nas redes sociais, e assim, passou a sentir que só poderia ser "curtida" caso se apresentasse de um jeito específico para o mundo — fosse ele o mundo real ou o virtual. Por toda essa pressão para manter um personagem que não existe, Gaia compromete as suas habilidades de desenvolvimento de conexões autênticas. Você também sente que investe demais em ser visto sob um ângulo mais favorável, esconde as partes de si mesmo que não o agradam, apenas para ser querido pelas pessoas?

Layla

Aos 10 anos de idade, Layla foi à sua primeira consulta psiquiátrica, o que deu início a um tratamento com medicamentos antidepressivos. Por ser filha única, passava muito tempo sozinha; não demonstrava interesse em ficar junto de seus pares nem de participar das atividades que pareciam comuns a todas as crianças de mesma idade. Ao notarem esse comportamento, seus pais começaram a se preocupar sobre a possibilidade de alguma coisa estar errada com ela. Mas a partir do uso dos remédios, ela passou a ficar menos isolada e também pareceu desenvolver um interesse maior em envolver-se nas atividades de seus colegas.

Vamos descobrir o que Layla tem a dizer sobre a sua vivência:

Já faz quatro anos que tomo antidepressivos e realmente sinto como se minha vida tivesse mudado. Também é ótimo que meus pais não estejam mais preocupados comigo o tempo todo. Tenho amigos, me mantenho ocupada com as atividades que faço, mas, ao mesmo tempo, sinto muita vergonha de ser a "menina louca" que precisa de medicamentos. Nenhum dos meus amigos sabe que tomo remédios para me ajudar a superar a depressão. Na verdade, tem vezes que eles até me chamam de "líder de torcida", porque sempre pareço extremamente feliz. Meu medo é que não queiram mais ser meus amigos se algum dia descobrirem que eu sou a "menina louca".

Felizmente, os pais e o médico de Layla identificaram o seu quadro depressivo e, assim, conseguiram tratá-la com a medicação adequada para que pudesse aproveitar a vida. Sua condição de saúde mental é nitidamente algo que está fora de seu controle e, mesmo assim, por medo de ser rejeitada, esconde de seus colegas essa parte de si mesma e da sua experiência. Você também tem alguma condição médica ou de outro tipo que esconde dos outros?

Jeff

Jeff é um cara do bem com uma família do bem. Tira boas notas e se destaca na maioria dos esportes. Está sempre fazendo amigos, mas, apesar de tudo, ele nunca se sente bom o suficiente. Por isso, faz de tudo para agradar as pessoas. Os outros escutam dele somente o que querem ouvir. Isso inclui coisas sobre eles, sobre ele e até sobre outros tópicos; Jeff pode ser qualquer pessoa que precise ser. Tudo o que ele quer é fazer a outra pessoa feliz.

Sobre isso, veja algumas palavras dele:

Tenho vivido um medo constante de ser criticado por não ser tão bom quanto preciso ser. Para falar a verdade, me sinto muito mediano. Não existe nada de errado comigo. Eu sou um cara legal. Vou bem na escola. Tenho bons resultados nos esportes. Tenho uma boa aparência. Mas sempre tive essa sensação de que, para me diferenciar da multidão, preciso ser especial. Então, desde que era bem pequeno, comecei a dizer às pessoas aquilo que eu achava que elas gostariam de ouvir. Parecia dar certo. Isso fazia as pessoas se sentirem bem e, por isso, elas gostavam de mim e queriam me ter por perto. Depois de ter mentido por tanto tempo para deixar as outras pessoas felizes e evitar que percebessem que, na realidade, não sou nada especial, agora já nem sei mais quem sou.

Boa parte do tempo de Jeff é dedicada a agradar as pessoas, para que, uma vez distraídas, não percebam a pessoa mediana que ele acredita ser. Com o passar dos anos, porém, por ter cultivado esse tipo de comportamento que se tornou habitual, ele acabou se perdendo de vista. Assim, por não permitir que ninguém o veja como realmente é, ele deixou de desenvolver conexões genuínas. Você tenta agradar aos outros para fazer com que eles que gostem de você ou então para que não o critiquem? Será que o foco em trazer felicidade para as outras pessoas fez com que acabasse perdendo a conexão consigo mesmo e com tudo aquilo que de fato lhe importa?

Penina

Desde muito pequena, Penina descobriu que, se quisesse deixar os pais felizes, precisaria se destacar na escola. Nenhuma nota abaixo de "10" seria aceitável. Inclusive, fizeram questão de deixar bem claro que até mesmo um "9" ou um "8" seria um motivo de vergonha. No ensino fundamental, ela frequentou a mesma escola que os seus pais, ambos altamente conceituados em seus históricos escolares. E mesmo sem ter conseguido cumprir a demanda de só trazer para casa as notas "10", foi aceita em uma escola muito concorrida no ensino médio. Praticamente o tempo todo durante esses anos, ela se sentiu extremamente estressada. A escola era muito difícil, e ela dava o seu melhor para conseguir todas as notas perfeitas desejadas pelos seus pais. No momento em que não conseguiu, logo se sentiu malsucedida e constrangida pela situação. Paralelamente, também temia que os seus amigos pensassem que só estava ali porque seus pais, com toda a influência que tinham, haviam interferido na admissão da filha naquela escola.

Esse é o relato de Penina sobre como se sente:

Meus pais são extremamente inteligentes e bem-sucedidos. Não tenho a menor dúvida de que sou uma decepção para eles. Além disso, meus padrões acadêmicos estão muito abaixo da escola altamente qualificada que frequento. Eu realmente me esforço. Incansavelmente. Quando estou com meus colegas e amigos, ajo como se tudo estivesse bem. Mas minto para eles sobre as minhas notas porque não quero que ninguém saiba que dentre todos os alunos "excelentes", sou apenas a aluna "boa". Nesta escola, não basta estar acima da média; você deve ser excepcional. Meus pais pagam um professor particular que me ajuda com os estudos todos os dias depois das aulas. Nenhum dos meus amigos sabe disso porque não quero que pensem que sou uma idiota.

Para agradar os seus pais e conseguir alcançar o mesmo nível acadêmico que os seus colegas, Penina tem feito um grande esforço. Essa situação gera nela a necessidade de camuflar as partes de si mesma que, uma vez descobertas, revelariam que não partilha das mesmas conquistas de seus pais e de seus colegas de turma. O resultado é o sentimento de inadequação e autodesvalorização. E você? O ambiente que frequenta o obriga a se comparar com as pessoas ao seu redor?

Consegue se identificar com alguns dos dilemas compartilhados por Kamele, Gaia, Layla, Jeff e Penina? Não importa se a questão venha dos seus pais, colegas, amigos, irmãos ou difundida por estruturas maiores. "É óbvio que, para alcançar o sucesso, você precisará ser melhor do que todas as outras pessoas. O mundo é um lugar competitivo." Essa pressão pode parecer implacável: você se compara com as pessoas com quem compete? É na comparação com o outro que o dilema começa, e não demora muito até que se sinta insuficiente, inadequado, falho, sem importância e assim por diante. Muitas das crenças negativas que cultivamos sobre nós mesmos estão conectadas às comparações que fazemos com os outros. E esse gatilho pode ser uma grande fonte de distração dos nossos pontos fortes, do que nos interessa e sobretudo daquilo que valorizamos. Como pode ser que tenha começado a notar, isso faz com que nos sintamos pior em relação ao que somos. Quando não nos sentimos bem com nós mesmos, todas as outras áreas da nossa vida são impactadas.

Durante esse período da sua vida, as amizades assumem uma importância cada vez maior. Só que, ao sentir-se inseguro consigo mesmo, as atitudes indispensáveis para fazer e manter amigos também se tornam mais difíceis de realizar — oferecer um ombro amigo, compartilhar com autenticidade todas as partes de si mesmo ou afirmar suas necessidades e expectativas. Contudo, se você se considera falho, sem importância, insuficiente ou incapaz de despertar amor, é muito provável que já espera pela rejeição, e isso o transforma em uma pessoa infeliz e vulnerável a abusos. Pode ser que acredite que, se não agir de determinada forma, as pessoas que ama o abandonarão ou o rejeitarão. Ou talvez tema receber possíveis críticas que o farão se sentir ainda pior consigo mesmo caso não coloque as necessidades dos outros antes das suas. Diversas áreas da sua vida, seja o seu currículo escolar ou as atividades extracurriculares (como música, arte ou esportes) talvez sejam afetadas pelas crenças sobre si mesmo — aquelas que dizem que não faz sentido se desafiar porque o fracasso já está garantido. Nós queremos que olhe agora para essas partes que tem mantido escondidas dos outros e se conscientize delas.

Experimente isso! Kamele, Gaia, Layla, Jeff e Penina trouxeram à tona, em suas histórias, uma parte de si que, por medo dos outros os acharem imperfeitos, sem importância, limitados ou incapazes de serem amados, sentem a necessidade de esconder. Em um diário, escreva a sua própria história sobre a parte ou as partes de si que costuma esconder.

Como se sente ao se conscientizar dessa(s) parte(s) que teme ser(em) descoberta(s)? Provavelmente, só de vê-la(s) escrita(s), sente alguma ansiedade. Escreva em seu diário sobre essa sensação também.

kelly Enquanto eu ficava mais velha, lembro das pessoas sempre se referirem a mim como alguém de alto-astral, sociável e que adora conversar. E elas estão certas, realmente amo me divertir, ser extrovertida, contar várias histórias e por aí vai. Sem querer soar exagerada, quando era pequena, muitas vezes me consideravam "a alma da festa". Essa é uma parte minha que amo, mas foi apenas quando fiquei mais velha que consegui perceber que sou mais do que isso. Sim, às vezes sou alto-astral, sociável e tagarela. Mas há vezes que prefiro me resguardar, ser mais quieta, ouvir e deixar que outras pessoas liderem a situação. Demorou até que eu me permitisse fazer isso. Por um tempo, preferi manter a postura enérgica e falante o tempo todo, porque acreditava que era justamente esse o motivo pelo qual as pessoas gostavam de mim. Será que os meus amigos ainda me manteriam por perto se eu deixasse de ser essa pessoa expansiva e tagarela? Meu medo era que eu não seria interessante se fosse um pouco mais tímida ou reservada. Até que finalmente consegui me conscientizar do meu comportamento, porque, para mim, além de exaustivo, não parecia nada autêntico. Agora me sinto uma pessoa muito mais natural e inteira porque não preciso mais me preocupar em manter aquela fachada.

Ligue os Pontos

Neste capítulo, nós nos conscientizamos das crenças que cultivamos sobre nós mesmos e como elas são formadas. Nossas crenças negativas e pensamentos distorcidos são a fonte do mal-estar que sentimos dentro de nós. Inclusive, em certos momentos e situações específicas, eles nos levam a sentimentos de muita infelicidade. É bem provável que algumas pessoas ou determinadas configurações façam com que nos sintamos ainda pior, e também é provável que, diante disso, tenhamos comportamentos que acreditamos que nos ajudam a lidar com essas sensações cada vez mais desconfortáveis. No próximo capítulo, investigaremos quais são as pessoas e situações que o fazem se sentir assim, e, com isso, novos passos poderão ser dados em direção à autoaceitação e, mais do que isso, ao amor próprio — exatamente como você é.

capítulo 2

Por que me Comporto Desse Jeito?

Pensamentos negativos, sentimentos dolorosos e sensações físicas incômodas. Todos nós sabemos reconhecer quando não nos sentimos bem. E a fim de nos livrar de tamanho desconforto, fazemos praticamente qualquer coisa. Quando você era ainda mais jovem, é provável que tenha testado algumas táticas nesse sentido. Talvez tenha aprendido alguns desses comportamentos ao observar como sua mãe ou seu pai lidavam com os sentimentos ruins que se manifestavam — por exemplo, sua mãe ficava mais quieta, seu pai gritava ou seu irmão se isolava. Com o passar do tempo, no entanto, você deve ter desenvolvido a sua própria referência de reação comportamental, e a cada vez que é acionada, ela se torna ainda mais involuntária. Consequentemente, tais mecanismos de reações automáticas ficam tão enraizados dentro de nós que não raro passam desapercebidos ao nosso campo de consciência. São ativados sempre que uma situação desconfortável se repete, seja com uma mesma pessoa ou um mesmo grupo de pessoas, e, assim, você adentra, mais uma vez, no mesmo ciclo de sentimentos dolorosos, permanecendo sufocado pelos pensamentos, emoções e sensações físicas negativas. E, novamente, para aliviar a dor ou parte dela, reage do mesmo jeito ou de formas muito parecidas com aquelas acionadas em outras ocasiões.

Nós sabemos que essas reações comportamentais geralmente contribuem para que nos sintamos melhor a curto prazo. Mas, infelizmente, essa não é uma solução duradoura, e é bastante comum que ela crie ainda mais problemas nas suas relações e em outras áreas da sua vida. Assim, resta perguntar: como encontrar algum conforto diante da dor associada a certas situações, contextos, pessoas e eventos que ativam nossos sentimentos de incompletude, autodesvalorização, inadequação e imperfeição?

Neste capítulo, associaremos esses sentimentos de autodesvalorização, inadequação e imperfeição aos mecanismos de defesa que você ativa involuntariamente para contornar situações desafiadoras ao seu bem-estar. Para empreender as mudanças que o levarão a se sentir melhor consigo mesmo, é necessário identificar quais foram os padrões criados pelas suas crenças básicas e quais são os comportamentos associados a eles. Hoje em dia, é muito provável que essa associação entre mecanismos involuntários e crenças o distancie daquilo que realmente importa para você e da maneira como realmente deseja se sentir.

Desvende Sua Mente

Antes de mais nada, você precisa ser um pouco mais carinhoso com a sua mente. É comum que nos culpemos pelos nossos pensamentos negativos e distorções da realidade. Porém, a boa e a má notícia é que temos menos controle sobre nossa mente do que imaginamos. Ela funciona como uma máquina programada para produzir preocupações de modo ininterrupto. O tempo todo, ela está à procura de qualquer sinal de ameaça à nossa sobrevivência. Sua mente foi feita para solucionar problemas, e, por isso, não consegue parar de procurá-los. Quando nenhum é encontrado, é sempre possível inventar algum novo. Mas a sua mente não faz isso por mal; ela só quer protegê-lo. Conhecer um pouco melhor o seu funcionamento o ajudará a se tornar mais apto a mudar sua reação comportamental quando algum gatilho for ativado, reações essas que apenas o atrapalham e fazem com que se sinta ainda pior consigo mesmo.

Como Funciona o Seu Mecanismo de Defesa

Ao se deparar com uma armadilha ou gatilho (situações que serão detalhadas neste capítulo), o seu corpo entende que precisa acionar reações instintivas para que possa sobreviver. E isso não é nenhum motivo de vergonha. Afinal, é assim que nós, seres humanos, fomos programados. Basta surgir uma ameaça para que reajamos por meio da luta, fuga ou apenas ficarmos imóveis, sem ação. No caso dos adolescentes, em comparação com as sensações experimentadas pelos adultos, as reações são mais emocionalmente intensas porque, majoritariamente, suas atitudes são conduzidas pela parte emocional do cérebro, a amígdala, uma vez que o córtex pré-frontal, a parte racional, ainda está em desenvolvimento. Contudo, um papel bem importante também é desempenhado por esse órgão: a sobrevivência de nossa espécie, em grande escala, se deve à existência dele. Situações de vida ou morte eram constantemente impostas aos nossos ancestrais. Se fosse rejeitado pelo seu povo durante os tempos primitivos, provavelmente morreria de fome ou se tornaria o alimento de algum predador. Nossas reações automáticas, portanto, normalmente estão associadas às fortes emoções. Isso acontece porque essa parte do nosso cérebro ainda não foi avisada de que, na maior parte das situações em que os mecanismos involuntários de defesa são acionados, não precisamos mais agir como se a nossa vida estivesse em risco.

Identifique Gatilhos e Armadilhas

Agora, investigaremos minuciosamente quais são as armadilhas e os gatilhos associados às suas crenças e sobre aqueles ao seu redor. Quanto mais consciência tiver sobre as pessoas e situações que ativam essas crenças negativas e que ainda geram comportamentos desnecessários em resposta, mais perto estará de não sucumbir a elas. Dar início a essa investigação é o primeiro passo para auxiliá-lo na libertação dos padrões de comportamento que enfatizam essas crenças e pensamentos negativos sobre si mesmo.

No capítulo anterior, você leu diferentes histórias que demonstravam uma série de experiências capazes de desencadear sentimentos de inferioridade, inadequação e fracasso em alguém. Também identificou quais são as partes de si mesmo que o colocam para baixo ou que não deseja que ninguém conheça. Agora, gostaríamos que identificasse quais são as áreas da sua vida (também nos referimos a elas como domínios) são responsáveis por acionarem a maior parte dos seus gatilhos emocionais.

Experimente isso! Use como base a seguinte lista de "domínios da vida" e procure identificar, entre os tópicos dispostos abaixo, quais são aqueles que representam as situações mais desafiadoras para você – isto é, quais desses domínios costumam ativar suas crenças negativas. Marque um "X" neles. É provável que algumas áreas da sua vida representem gatilhos maiores do que outras. Talvez você se sinta constantemente inadequado, limitado e inferior em todos os domínios da sua vida – essa é outra possibilidade. Não existem respostas certas ou erradas. Você pode marcar um, dois, três, vários ou todos, não importa, a solução será a mesma para todas as opções.

Domínios

_____ Família

_____ Amigos

_____ Relações amorosas

_____ Escola

_____ Trabalho

_____ Comunidade

_____ Esportes ou outras atividades

_____ Condicionamento físico ou aparência

_____ Redes sociais

É natural que dedique mais atenção a algumas áreas específicas neste momento da sua vida. Como já mencionamos antes, durante a fase da adolescência, a amizade tende a ser priorizada diante de outras relações, então, pode ser que, neste processo, entenda que o domínio "amigos" é aquele para onde o seu foco se direciona. Mais uma vez, não existem respostas certas ou erradas. Nós apenas queremos ajudá-lo a ganhar mais consciência sobre os pontos de conexão entre os sentimentos de baixa autoestima, imperfeição e não pertencimento que o acometem e as diferentes áreas da sua vida relacionadas a eles para que, assim, também possa explorar melhorar essas ligações.

Agora que já identificou quais são os domínios mais complicados na sua vida, qual é a sensação? Nesse processo, conseguiu se conscientizar de alguma área que costumava evitar?

Experimente isso! Lembra daquele exercício no Capítulo 1, no qual identificou quais eram as partes da sua vida eram evitadas? Agora, junte todas elas e as escreva ao lado dos domínios correspondentes.

Família:

Amigos:

Relações amorosas:

Escola:

Trabalho:

Comunidade:

Esportes ou outras atividades:

Condicionamento físico ou aparência:

Redes sociais:

Como se sente ao se conscientizar dos domínios da sua vida que possuem grande importância na constituição de crenças negativas? E qual é a sensação de encontrar os pontos de conexão entre elas e as áreas específicas da sua vida? Já começou a perceber o impacto disso no seu desenvolvimento?

Lembra da Penina, do Capítulo 1? Uma versão resumida de sua história poderia ser: por conta de suas notas na escola, Penina não consegue se sentir bem consigo mesma. Vamos dar uma olhada no exercício dela:

Família: *Se eu não tirar nota máxima na escola, o amor dos meus pais por mim diminuirá*

Amigos: *Enquanto eu não atingir o mesmo nível de competência que os meus amigos, não conseguirei me adaptar*

Relações amorosas:

Escola: *Não tenho os pré-requisitos para frequentar essa escola*

Trabalho:

Comunidade:

Esportes ou outras atividades: *Queria poder me dedicar mais ao balé, mas, ao mesmo tempo, também quero tirar notas melhores, então gasto todo o meu tempo livre com os estudos*

Condicionamento físico ou aparência:

Redes sociais:

Neste exercício, nosso principal objetivo é investigar cada vez mais fundo as situações e condições nas quais as suas crenças negativas são ativadas. Quanto mais informações tiver sobre elas, mais apto se sentirá para escolher novas formas de se comportar e, assim, poderá trilhar seu caminho rumo à autoaceitação.

Pessoas que Acionam Gatilhos

Nosso próximo passo é: pense quais são os tipos de pessoas que costumam causar sentimentos de inadequação, limitação e autodesvalorização. Pode ser que sejam, por exemplo, aquelas pessoas que lhe vêm à cabeça quando pensa em desaprovação e rejeição.

> **Imprevisíveis:** Inconstante é uma boa definição para esse tipo de pessoa. Você nunca sabe quando poderá contar com ela. Em um dia, está disponível; no outro, não.
>
> **Instáveis:** Essas pessoas parecem estar sempre em movimento. Compromisso e rotina são duas palavras que não estão em seu vocabulário.
>
> **Indisponíveis:** Quando precisar de alguém, não será com ela que poderá contar. Essa pessoa nunca responde às suas mensagens e sempre o deixa esperando.
>
> **Desapegadas:** São pessoas com quem não conseguimos nos conectar.
>
> **Reprimidas:** Esse tipo de pessoa não poderá oferecer a conexão emocional da qual você precisa.
>
> **Inquisidoras:** Pessoas assim são capazes de descobrir, julgar e expor as suas falhas.
>
> **Desdenhosas:** Se uma pessoa assim o achar desinteressante, ela o rejeitará.

Críticas: Alguém que o criticará, desrespeitará e fará com que se sinta inferior.

Arrogantes e egocêntricas: São pessoas que sempre o comparam consigo mesmas e com outras pessoas, fazendo com que você se sinta mal.

Alguém que se compromete a assumir alguma ou muitas dessas facetas certamente é uma pessoa tóxica que, se fosse possível, você não escolheria ter por perto. Só que nem sempre podemos evitá-las. Além disso, quase todo mundo, em algum momento da vida, manifestará um, dois, três ou vários comportamentos como esses.

* kelly * Pessoas que julgam demais são verdadeiros gatilhos para mim. Já acho extremamente desafiador tomar decisões sem o julgamento alheio, sem alguém que me diga se agi de forma certa ou errada, seja lá por qual motivo. Isso porque já questiono sempre se tomei a decisão certa ou não.

Experimente isso! No seu diário, identifique quais são os tipos de pessoas que costumam representar os seus principais gatilhos. Você consegue conectá-las às áreas específicas que foram mapeadas no exercício anterior?

De volta à Penina, vejamos o que ela escreveu:

Tipos de pessoas: *professores e colegas de classe;* **Domínio:** *escola*

Tipos de pessoas: *pais;* **Domínio:** *família*

E quanto a você? Consegue se lembrar de algum medo, afirmação ou tema que aparece de forma recorrente na sua vida? Caso se lembre, escreva-o abaixo logo ao lado do tipo de pessoa com a qual está relacionado.

Penina, por exemplo, fez assim:

Tipos de pessoas: *professores e colegas de classe;* **Domínio:** *escola*

Tenho medo de não estar à altura dessa escola; de não pertencer ao mesmo grupo que meus colegas com as melhores notas; e também tenho medo de que, por isso, me rejeitem e me julguem como se eu não fosse adequada.

Tipos de pessoas: *pais;* **Domínio:** *família*

Tenho medo de decepcionar meus pais por não conseguir atender às expectativas de sucesso que depositam em mim. E se acharem que não sou suficiente, tenho medo que pensem que não mereço ser amada.

Nossa, avançamos bastante! Como se sente ao se conscientizar das áreas da sua vida que mais o afetam, das pessoas que tendem a provocá-lo e dos medos, afirmações ou temas relacionados a elas?

Comportamentos e Experiências que Acionam Gatilhos

Agora, queremos que se concentre nos comportamentos e experiências relevantes para você e que se torne consciente deles. Quanto mais conseguir mapeá-los, melhor será o seu resultado em empreender as mudanças necessárias para gerar um impacto positivo na sua vida e nos seus sentimentos de autoestima.

Experimente isso! Vamos continuar a explorar de que forma suas crenças negativas tendem a se intensificar e desencadear. Leia cada uma das frases abaixo e marque um "x" nas que mais se apliquem ao seu caso. Primeiro, nos concentraremos nos comportamentos — em outras palavras, ações que você incorpora; e, na sequência, daremos atenção às experiências — isto é, o modo como se sente.

Comportamentos

_____ Permite que os outros o desvalorizem.

_____ Coloca-se para baixo (muitas vezes como um mecanismo de defesa — e adianta-se, antes que alguém o faça).

_____ Permite abusos verbais, emocionais e/ou físicos contra si mesmo.

_____ É extremamente sensível às críticas.

_____ Reage mal a qualquer sinal de crítica, ou seja, distancia-se ou critica a outra pessoa.

_____ Compara a si mesmo com outras pessoas o tempo todo.

_____ É crítico em relação às pessoas da sua vida.

_____ Sempre escolhe pessoas críticas e/ou desdenhosas para serem suas amigas.

_____ Evita namorar.

_____ Evita situações sociais que podem acionar o seu sentimento de inferioridade ou que o deixam intimidado, com medo de ser visto como um fracasso, se comparado a outras pessoas.

_____ Só consegue chegar até determinado grau de envolvimento nas suas relações. Depois disso, recua ou se afasta.

_____ É atraído por pessoas que mantêm suas relações em um nível superficial.

_____ Escolhe ficar ao lado de pessoas que não possuem grandes realizações.

_____ Evita certas pessoas e situações nas quais pode ser julgado ou criticado.

_____ Não se esforça o suficiente em atividades escolares ou em outros afazeres.

_____ Diminui suas conquistas e pontos fortes e ressalta erros e fraquezas.

_____ Destaca um aspecto de si mesmo (aparência, personalidade, humor) para distrair os outros das áreas da sua vida em que se sente inadequado.

_____ Sente raiva de si mesmo quando alguma situação foge às suas expectativas.

_____ Sente raiva do ambiente ao seu redor quando algo não acontece da forma prevista (por exemplo: a comida no restaurante, as condições de trânsito, um prestador de serviço etc.).

_____ Trava lutas eternas consigo mesmo para atingir padrões muito difíceis de serem alcançados.

_____ Possui um autocontrole extremo.

Experiências

_____ Convive com um medo constante ou até mesmo experimenta uma sensação de pânico ao pensar que só será reconhecido pelas suas falhas.

_____ Sente-se inseguro ou desconfortável perto de pessoas que, comparadas a você, parecem não ter defeitos.

_____ Sente-se inseguro ou desconfortável quando encontra alguém que teme que o enxergará como você realmente é.

_____ Sente ciúmes de ou é competitivo com outras pessoas.

_____ Suas relações parecem emocionalmente inseguras.

_____ Sente-se como um impostor e morre de medo que algum dia seja descoberto.

_____ Sente medo de ocupar um cargo de liderança ou qualquer outra posição que possa torná-lo o centro das atenções.

_____ Sente-se ansioso perto de outras pessoas.

_____ Frequentemente, tem a impressão de que poderia ter se saído melhor.

_____ Sente medo de ser visto como uma pessoa comum.

_____ Sente medo de que não o vejam como "o melhor" ou, pelo menos, como alguém acima da média.

_____ Sente-se fracassado quando não atinge as metas ambiciosas que estabeleceu para si mesmo.

_____ Não consegue curtir a sua vida porque pensa o tempo todo naquilo que ainda não conquistou.

_____ Não importa qual seja a sua conquista, nunca parece suficiente.

_____ Quando se compara com os outros, sente-se envergonhado.

_____ Mesmo que seja bem-sucedido, você se sente vazio.

_____ Parece que só quando atingir os padrões elevados que se propôs, poderá ganhar atenção e ser amado.

_____ Vive constantemente com sentimentos de vergonha.

_____ Sente que não merece a vida que leva.

_____ Quando parece que alguém atrapalha seus objetivos ou quando encontra alguém que possui um desempenho melhor do que o seu, sente raiva e antipatia.

Analise todas as frases sobre os diferentes tipos de *comportamentos* e anote em seu diário quais foram aquelas que pareceram mais relevantes. Explique, ao lado de cada uma delas, de que forma essas afirmações se relacionam com as partes ocultas da sua vida e como vem lidando com esses sentimentos de inferioridade. Faça o mesmo com todos os tópicos relativos às experiências e escolha aqueles com os que mais se identifica.

Provavelmente, realizar esse exercício o deixou um pouco (ou muito) desconfortável. Isso porque você se viu obrigado a analisar uma série de comportamentos e experiências não tão agradáveis assim. Nós sabemos que essa pode ser uma etapa difícil de lidar, mas também é fundamental para todo o processo. Conscientizar-se melhor desses comportamentos e experiências é o primeiro passo para fazer escolhas diferentes, escolhas que podem tanto aumentar os seus sentimentos de autoestima, quanto encaminhá-lo rumo à vida que deseja ter.

Ligue os Pontos

Quando uma área específica da sua vida — um tipo de pessoa, uma situação ou um evento — se transforma em um gatilho para as crenças negativas de si mesmo, uma enxurrada de sensações desconfortáveis, emoções dolorosas e pensamentos ruins vem à tona, e fazem com que se sinta sobrecarregado. Nessas horas, tudo o que deseja fazer é arrumar algum jeito de se livrar da dor. Faz todo sentido, portanto, que, para que isso aconteça o mais rápido possível, você recorra a certos tipos de comportamentos que o ajudam a contorná-la. A má notícia é que eles causam ainda mais problemas, além de intensificar os seus sentimentos de inadequação, autodesvalorização e limitação. É completamente compreensível que, no momento em que tenta esconder certas partes suas, esses mecanismos de defesa sejam acionados. No entanto, eles só o ajudarão a curto prazo, porque, a longo prazo, é provável que tornem as coisas ainda piores e cada vez mais complexas — inclusive a maneira como se vê. Neste ponto, o que nós queremos que entenda é que essa é uma área da sua vida que pode ser controlada e que você pode promover mudanças que o ajudarão a se sentir melhor consigo mesmo.

No próximo capítulo, nós exploraremos um pouco mais a fundo os comportamentos que não o ajudam no seu dia a dia. Além disso, também o guiaremos na transição para adotar comportamentos mais úteis e que farão com que se sinta melhor consigo mesmo. Em última análise, isso minimizará suas crenças negativas e fará com que se sinta bem em ser quem você é!

capítulo 3

Descubra o que Realmente Importa para Você

No capítulo anterior, você se conscientizou mais das crenças que cultiva sobre si mesmo e também sobre as pessoas ao seu redor. A partir disso, é provável que tenha compreendido melhor como essas crenças podem orientar seus comportamentos. Algo que, na maioria das vezes, atrapalha mais do que ajuda, já que, em vez de desestabilizar suas crenças negativas ou melhorar sua relação consigo mesmo, essa associação entre crenças e comportamentos faz com que você se sinta ainda pior. Como consequência, um círculo vicioso se inicia: pensamentos e emoções negativas geram comportamentos improdutivos, comportamentos improdutivos geram um mal-estar interno, o mal-estar gera, novamente, pensamentos e emoções negativas — e assim por diante, em uma contínua retroalimentação.

Nessas situações, como nem sempre a sua forma de agir permitirá que as pessoas conheçam sua essência, a tendência é que todo esse conflito interno se intensifique. E isso pode pegá-lo desprevenido, já que a sua concepção sobre si mesmo é uma, mas a forma que a apresenta ao mundo é outra. Romper com esse círculo vicioso é um desafio, porque os nossos comportamentos se internalizam e se tornam cada vez mais automáticos.

Suas ações não são pautadas por escolhas conscientes. Agora, o que parece mobilizá-las é o seu desejo de se livrar das emoções e dos pensamentos negativos. Só que isso geralmente reflete nas coisas e pessoas que importam para você. Assim, surge a dúvida: "Nossa, por que agi assim? Eu não sou essa pessoa." Queira ou não, quando repetimos sempre os mesmos padrões ou hábitos comportamentais, passamos a ser definidos por eles. Já ouviu a expressão "somos o resultado de nossas ações"? Bom, é verdade. Existem muitas camadas (das mais superficiais às mais profundas), maneiras e situações pelas quais podemos nos apresentar às pessoas, mas, no fim do dia, é principalmente pelos nossos comportamentos que somos julgados. Isso porque comunicamos informações importantes sobre nós mesmos quando "agimos por impulso".

Discutiremos melhor esses pensamentos negativos e distorções de realidade no Capítulo 5, mas queremos enfatizar logo que o fato de existirem não os tornam verdadeiros. Contudo, basta agirmos como se fossem para que se tornem reais de fato ou, pelo menos, um pouco mais reais. Se certos comportamentos se tornam involuntários à medida que são associados aos pensamentos e emoções negativos desencadeados por diversos tipos de gatilhos, como alterá-los? Excelente questão! O que precisa fazer é quebrar essa ligação entre comportamentos, pensamentos e emoções, para, em vez disso, conectar suas ações a sua verdadeira essência, à maneira como deseja ser visto e a tudo aquilo que é importante para você.

Vejamos, por exemplo, Kat.

Kat e sua História

Kat se considera uma boa amiga. Se fosse descrever a si mesma, diria que é alguém muito atenciosa e carinhosa com os amigos. Quando está entre as amigas, às vezes até se sente como a "mãe coruja" do grupo — quando alguém derrama comida na roupa durante o almoço, é sempre ela que terá um minirremovedor de manchas na bolsa, ou quando alguém sente dor de cabeça, é Kat que terá um ibuprofeno à disposição. Apesar de pensar em si mesma dessa forma, ela também nutre uma crença de não ser boa o suficiente. Não é raro que se sinta menos engraçada, bonita ou simpática que as suas amigas. Quando essa sensação ganha corpo, revolta-se contra elas, e isso faz com que se sinta ainda pior, porque, durante essas explosões, *realmente* parece alguém que não é tão boa assim.

Alguma parte da experiência de Kat se assemelha à sua? Também age de maneiras que fazem com que se sinta ainda pior consigo mesmo? Seus comportamentos não condizem com aquilo que mais lhe importa?

Com o que Você Se Importa?

Então, como identificar os traços que realmente importam para você? Bem, em vez de reagir às partes de si mesmo que desgosta e oculta, comece a considerar aquilo que tem significado na sua vida: a versão ideal de si mesmo (não a versão idealizada e perfeita), aquilo que valoriza, e, quem sabe, o impacto que deseja trazer para o mundo. Talvez essa seja uma jornada difícil, uma vez que os nossos mecanismos de defesa nos atrapalham na tentativa de alcançar as virtudes e todas as coisas com as quais realmente nos importamos. É possível engatar esse processo de identificação dos seus valores por diferentes caminhos. Aqui, apresentamos dois exercícios; pode ser que um reverbere mais do que o outro, mas tente completar ambos, porque, ao fazer isso, confirmará e enfatizará aquilo que mais importa na sua vida. Desse modo, ganhará não só maior autonomia sobre as suas escolhas comportamentais, como também será mais consciente sobre a forma como deseja levar a própria vida.

Identifique Sua Essência

Antes de entrarmos a fundo nos exercícios, nosso primeiro passo será identificar e definir algumas qualidades que costumam ser amplamente associadas a pessoas com um caráter admirável. Fazer isso o auxiliará a se concentrar na pessoa que deseja se tornar e como quer ser visto pelo mundo. Essa não é uma lista que se encerra nela mesma, então, caso pense em outras qualidades ou características que fazem sentido, sinta-se mais do que livre para adicioná-las.

* Honestidade — ser honesto; contar a verdade; ser sincero; estar aberto

* Responsabilidade — aceitar o compromisso de lidar com algo; assumir responsabilidades, transparecer confiança; ter a habilidade de agir com autonomia; sentir a obrigação moral de se comportar de maneira adequada, aceitar se responsabilizar por algo, mesmo quando a culpa não é sua

* Cuidado — preocupar-se com os outros; cuidar de pessoas que não conseguem cuidar de si mesmas

* Gentileza — ser amigável, generoso, ter consideração pelas outras pessoas; sentir prazer em estar à disposição e se importar com o outro

* Coragem — a habilidade de realizar algum feito que o intimida; sentir-se forte diante da dor

* Ética — ser imparcial e justo, ou comportar-se sem favoritismos ou/e discriminação

* Gratidão — a qualidade de ser grato; capacidade de demonstrar apreço e de reagir com gentileza

* Humildade — não superestimar sua própria relevância no mundo; modéstia; ausência de exibicionismo

* Lealdade — oferecer ou demonstrar um apoio constante e sólido a alguém

- ✱ Paciência — a capacidade de aceitar ou de tolerar atrasos, problemas ou sofrimentos sem sentir raiva ou estresse

- ✱ Mente aberta — ser receptivo às experiências e opiniões alheias, sem julgá-las, mantendo-se sempre curioso

- ✱ Credibilidade — a habilidade de ser uma pessoa em quem se pode confiar, seja pela honestidade ou pela sinceridade

- ✱ Estado de presença — o estado ou o fato de simplesmente existir inteiramente, estar presente nos lugares ou eventos

- ✱ Determinação — a(s) motivação(ões) pela(s) qual(is) alguém age ou se comporta de determinada maneira; um desejo ou vontade de realizar um feito

- ✱ Entusiasmo — um sentimento intenso e empolgante de alegria; um interesse voraz e prazeroso por uma atividade específica

- ✱ Autoestima — orgulho e confiança em si mesmo; o sentimento de agir com honra e dignidade

✱ **kelly** ✱ Dessa lista, honestidade, gratidão, mente aberta, determinação e entusiasmo foram as qualidades que mais me saltaram aos olhos. Em minhas relações familiares e com os meus amigos mais próximos, a honestidade é um atributo que prezo bastante. Outra coisa relevante para mim é demonstrar para as pessoas ao meu redor como sou grata por existirem na minha vida. Acredito que manter a mente aberta seja necessário quando interajo com outras pessoas. Gosto de me dedicar com empenho naquilo que me importa e, por isso, a determinação também é uma característica que valorizo. Amo ficar entusiasmada. E por fim, a autoestima é fundamental para que eu consiga me manter confiante, sem esquecer que existe certo valor em mim mesma (na verdade não só certo valor, mas um grande valor!).

Desbrave Virtudes, Valores e Características

Adiante, esses dois exercícios o ajudarão a se conscientizar mais de tudo aquilo que importa para você e a descobrir com quais valores e características você deseja se conectar para ter uma vida com mais propósito e significado.

Experimente isso! Pense em uma pessoa ou em um grupo de pessoas que você respeita ou que o inspira. Que qualidades elas possuem? Escreva-as em detalhes no seu diário. Podem ser pessoas ainda vivas ou pessoas com relevância histórica.

Vamos analisar como Sidarth respondeu a esse exercício:

> *Meu treinador de futebol, Matt, é uma pessoa por quem tenho um profundo respeito e admiração. Tentei entrar para o time principal do colégio no meu primeiro ano do ensino médio, durante a pré-temporada de treinos. Fazia poucos anos desde que eu havia começado a jogar futebol, mas amava esse esporte e, naquele verão, tinha treinado bastante. Quando se apresentou aos jogadores, Matt deixou claro que dedicação e empenho eram as qualidades com as quais mais se importava. "O talento só o levará até determinado ponto", disse. Como não entrei para o time*

oficial no primeiro ano, ele me acompanhava enquanto eu jogava no time júnior da escola, e ali, parabenizava-me por ver que me esforçava intensamente para ser um jogador melhor. O tempo passou, e no ano seguinte, consegui entrar para o time principal, o que me deixou extremamente animado, porque Matt finalmente seria meu treinador. Ele é equilibrado, dedicado, prestativo e estimula seus jogadores. Sempre escuta nossas ideias, e isso faz com que todas as pessoas do time se sintam importantes, como se as nossas contribuições de fato importassem.

Experimente isso! Imagine que um grupo de amigos seus ou de membros da sua família esteja reunido e falando sobre você. Quais comentários gostaria de ouvir a seu respeito? Quais qualidades gostaria que fossem ressaltadas? No seu diário, escreva as respostas.

Vejamos o que Sidarth escreveu:

Eu gostaria de ouvir os meus amigos e familiares dizerem que é divertido me ter por perto, que sou uma pessoa legal, fácil de conversar e desabafar, que sou um bom conselheiro e cuido dos meus amigos; também gostaria de ouvir que me veem como uma pessoa que gosta de experimentar coisas novas.

Agora, analise em retrospecto todas as suas respostas dos exercícios anteriores.

Experimente isso! Marcar um "x" em uma qualidade como "gentileza" pode parecer ótimo, mas, como pode imaginar, de nada adianta assumi-la para si quando nenhuma ação está atrelada a ela

— essa é a diferença entre os verbos passivos e ativos: certa atitude é necessária para provar que aquela virtude é mesmo sua.

Assim, conforme ler suas respostas aos outros exercícios, destaque quais foram as qualidades ou características que conseguiu identificar. Uma vez que esses atributos forem identificados, defina, para cada um deles, algum comportamento intencional.

Sidarth, por exemplo, escreveu assim:

> *Sensato, dedicado, prestativo, persistente, simpático, ponderado, atencioso, curioso, aventureiro e gentil*

Se uma das qualidades com as quais você se identificou for gentileza, talvez possa dizer que "tratar bem os outros" seja a sua maneira de transformar essa virtude em ação. Agora, analise áreas específicas da sua vida — escola, amigos, família, relações amorosas, trabalho etc. — e reflita sobre como transformaria, nessas situações, a gentileza em uma atitude. Anote se existe alguém ou alguma situação que torna essa tarefa mais difícil para você.

Vamos dar uma olhada em como Sidarth lidou com a gentileza enquanto um atributo. De modo geral, ele não encontrou muitas dificuldades em ser gentil com os outros. Contudo, quando estava com pessoas que tratavam mal a ele ou a seus amigos, sentia que uma certa tendência contrária a essa característica se manifestava. Pronto, a armadilha estava montada: logo, agia da mesma forma que seus colegas mal-intencionados. No momento em que o conflito ou a interação acabava, sentia-se ainda pior consigo mesmo. Isso porque, por um lado, existia o jeito como tinha sido tratado, e, por outro, também existia o fato de ter reagido com a mesma atitude daqueles que o magoaram. Quando você age de determinada forma e depois se sente mal por ter agido assim, esse geralmente é um indício de que o seu comportamento entrou em conflito com as suas virtudes.

Transforme Virtudes em Ações

Virtudes representam tudo aquilo com que se importa, assim como a forma como deseja ser visto. Quando as suas virtudes são colocadas em prática, elas se tornam intencionais. Agir de acordo com as suas virtudes e valores é um dos componentes essenciais para fortalecer o seu sentimento de autoestima e enfraquecer a sua insegurança pessoal. Mas é preciso trabalhar continuamente para ser bem-sucedido nisso, até porque algumas pessoas, especialmente aquelas que representam gatilhos para as suas crenças negativas, o desconcentrarão ou o desviarão do curso. Em uma situação como essa, tentar se defender será a sua primeira reação e o seu instinto mais natural. Realizar essa transição entre uma reação instintiva e emocional para uma resposta baseada nas suas virtudes é um trabalho que leva tempo e conscientização. Por isso, escrever suas experiências é uma das formas de enfatizar essas novas escolhas comportamentais em vez das reações emocionais habituais.

Sidarth, como mencionamos antes, sempre se sentia pior consigo mesmo quando retribuía uma agressão com outra agressão. Mas, no momento em que se deu conta de que, em vez de agir assim, era possível acionar uma reação consciente, baseada nos seus próprios valores, ele também descobriu que, embora ainda se sentisse mal ao ouvir algo cruel ao seu respeito, não precisava se sentir ainda pior por ter uma reação indesejada diante de alguma situação de conflito.

Nós queremos enfatizar que, mais uma vez, essa não é uma mudança simples. Quando nos sentimos sobrecarregados por emoções negativas, automaticamente reagimos com atitudes que visam a nossa proteção e que atenuam nossos sofrimentos internos. Mas, com o passar do tempo, percebemos que, a longo prazo, esse tipo de reação nos faz sentir ainda pior e podem intensificar as crenças negativas que nutrimos sobre nós mesmos.

Anna e Sua História

Agora embarcaremos na história de Anna e descobriremos como ela lida com a característica de ser uma pessoa mente aberta. O bairro onde vive possui muita diversidade e isso se reflete na sua comunidade escolar. Na sua turma de ensino médio, todos os seus amigos e colegas vêm de diferentes contextos. Diversidade é a palavra-chave de seu colégio, que valoriza as diferenças e promove diversas discussões sobre identidade. Participar dessas conversas é algo que a deixa realmente muito empolgada, amando o fato de que o seu ensino médio é capaz de lhe proporcionar essa experiência. Outra característica dela é que se compromete a ter uma escuta ativa em relação a outras experiências e perspectivas de vida.

Nos últimos tempos, porém, ela vem sentindo dificuldades em manter a mente aberta durante as conversas com pessoas que não compartilham a mesma visão política que a sua. Um dos candidatos à próxima eleição realmente conquistou seu coração, e quando alguém o critica, Anna não quer nem escutar o que os outros têm a dizer. Em uma conversa recente, ela disse para um de seus colegas de classe que ele simplesmente não tinha razão e que não queria ouvir mais nenhum de seus argumentos. Na hora em que tudo aconteceu, sentiu-se satisfeita em ignorá-lo, mas, logo depois, ficou bem decepcionada consigo mesma por não ter conseguido manter a mente aberta e escutar a perspectiva do colega.

Quando evita certas situações negativas, você ganha mais espaço para se concentrar naquilo que realmente lhe importa. O que deseja realizar para trazer mais sentido a sua vida? Ao conhecer novas pessoas e viver outras experiências, essa resposta também mudará.

kelly Eu e meus amigos costumamos brincar que, durante a adolescência, sobretudo nos últimos anos dessa fase, vivemos algum tipo de minicrise existencial todos os dias (na minha experiência, pelo menos). Diante de um momento ruim, deve se perguntar "Será que fiz do jeito certo?" ou até mesmo "E se eu estiver fazendo tudo errado?". O tempo todo, me questiono se fiz a escolha certa, seja em relação ao curso que escolhi fazer na faculdade, às pessoas que escolhi ter por perto, a que dedico o meu tempo livre e assim por diante. Será que aproveitei ao máximo os meus anos de adolescência? O que devo fazer para aproveitar da melhor forma possível o tempo que tenho agora? Não tenho as respostas para essas perguntas, mas, quando me mantenho aberta às novas pessoas que surgem no meu caminho, assim como às oportunidades e experiências que se apresentam, me sinto mais confiante nas minhas decisões.

Algumas pessoas já sabem, desde muito jovens, o que desejam fazer, quem gostariam de se tornar no futuro e como querem impactar as pessoas em seus círculos. Conhecer as próprias virtudes e saber identificar quem e o que realmente importa para você são atributos que, juntos, o ajudarão a encontrar a sua melhor versão nessa vida. Isso não significa que não existirão distrações ou que você não se comportará de formas incoerentes em relação àquilo que valoriza, porém se sentirá menos vulnerável às reações que fazem com que se sinta ainda pior consigo mesmo.

A Voz que Vem de Fora

Conscientizar-se daquilo que é de fato importante para *você* pode ser uma tarefa bastante desafiadora. Se for como a maioria dos adolescentes, também se vê obrigado a escutar muitas vozes externas que sempre surgem com alguma sugestão, expectativa e/ou demanda sobre o que deveria fazer com a sua vida, quais realizações deve ter e como precisa — ou não — estar no mesmo nível que seus colegas. Elas podem surgir dos seus pais, educadores, treinadores, colegas e até mesmo da cultura de massa em geral. Toda essa quantidade de ruído pode atrapalhar a compreensão sobre o que realmente deseja realizar e quais são as coisas mais importantes na sua vida.

Conheceremos agora algumas histórias de adolescentes que conseguiram relativizar essas opiniões e, a partir disso, entrar em contato com tudo aquilo que valorizam de verdade, assim como encontrar os seus principais desejos.

Bria e a Pressão do Pai

Bria foi criada para acreditar que as aparências valem mais do que qualquer outra coisa. Desde cedo, ela entendeu que ter uma educação de qualidade era algo que seu pai valorizava, mas com o passar do tempo, tornava-se cada vez mais nítido que, para ele, ter um nome conhecido era ainda mais valioso. Assim, o nome da escola e o prestígio associado a ela tinha uma prioridade maior, e o que a filha aprendia e se ela se sentia feliz importava menos. Bria se subjugava diante das expectativas que o pai assumia. Todas as vezes que o escutava descrevê-la, nunca era uma descrição sobre *ela*; mas sim sobre as escolas que havia frequentado — "Bria frequentou Brearley, Lawrenceville e Columbia". Para ele, isso significava que era melhor do que a maioria dos outros jovens de sua idade, e, portanto, por ser seu pai, também era melhor do que as outras pessoas. Mas Bria sentia um vazio dentro de si. Estava ansiosa e deprimida, e como essas sensações não combinavam com a imagem construída para ela, parecia que precisavam continuar ocultas. Por se sentir pressionada a manter essa projeção criada pelo pai, Bria tinha medo de compartilhar os seus lados imperfeitos, o que gerou uma dificuldade de desenvolver relações profundas. Como resultado, abandonou Columbia logo em seu primeiro ano de estudos.

Bria não teve a oportunidade de se conscientizar de suas próprias virtudes nem de aprofundar o seu conhecimento sobre elas, porque estava o tempo todo preocupada em agradar o pai. Até que não conseguiu mais suportar. Ao gastar muita energia para se concentrar no que precisa fazer para agradar os outros, é possível que você perca o que deseja de vista no meio do caminho. Sente-se tomado pelos objetivos e expectativas que os seus pais ou outras pessoas depositam em você?

Jackson e a Pressão dos Colegas

Durante o seu ensino médio, Jackson frequentou um colégio especializado em atividades físicas. Ele é um nadador prodigioso e, por isso, em seu último ano na escola, foi escolhido para se tornar um dos capitães do time de natação. Para a maior parte dos seus colegas de equipe, o plano já está traçado: desejam continuar a praticar o esporte na faculdade. Quanto aos seus outros amigos, também participarão de processos seletivos que priorizem as diferentes atividades físicas que praticam. No entanto, mesmo que Jackson ame nadar e tenha orgulho de suas conquistas nas competições do ensino médio, profissionalizar-se e continuar a competir em níveis mais elevados não é um interesse dele. Isso porque ainda não decidiu o que deseja cursar na faculdade e gostaria de ter mais tempo para descobrir em qual área poderia se sair melhor, sem ter que levar em conta o seu desempenho físico. Contudo, segundo os seus colegas de equipe, amigos e até mesmo treinadores, ele cometerá um grande erro se abrir mão da natação. Para os outros meninos do time, Jackson perderá uma chance única em sua vida. Também foi lembrado pelo seu técnico que ser um atleta universitário pode lhe garantir uma bolsa parcial ou até mesmo integral nas melhores faculdades. Ouvir tudo isso fez Jackson ponderar se não era egoísta ou estúpido por abandonar a oportunidade de ganhar uma bolsa de estudos, algo que só aconteceria pelo seu desempenho atlético. Se escolhesse esse caminho, evitaria que os pais gastassem uma fortuna na mensalidade da faculdade ou até mesmo a necessidade de fazer empréstimos em seu nome.

O problema é que Jackson não quer buscar uma carreira acadêmica baseada na natação. Seu desejo de entrar na faculdade está em desbravar outros interesses que possa ter, assim como outros grupos de pessoas que venha a conhecer. E ele sabe que não teria tempo para isso caso se comprometesse com o time de natação da faculdade. Não é que ela não seja uma de suas paixões, apenas não quer que seja a única coisa importante na sua vida. Mesmo ao levar em conta todos os conselhos que recebeu, Jackson não abriu mão da sua visão sobre a situação e, por fim, reconheceu que essa era uma decisão que cabia apenas a ele e a mais ninguém.

Experimente isso! É comum que se sinta afetado pela influência e expectativa dos outros?

Em seu diário, escreva sobre aquelas pessoas que o deixam em dúvida a respeito das escolhas que faz em sua vida. Quem ou o que pode desviá-lo dos seus verdadeiros valores e daquilo com que de fato se importa? Uma vez que já tenha identificado quais são as pessoas ou o que o desviam das suas virtudes, será mais fácil reconhecê-las quando se apresentarem. Assim, você poderá se desviar das distrações e finalmente escolher ações motivadas pelos seus propósitos e valores.

* **kelly** * Inúmeras pessoas que conheço tentam me aconselhar sobre o que eu deveria fazer na minha vida. Quando essas opiniões vêm da minha família ou dos meus amigos mais próximos, costumo escutá-las. Como se importam comigo, sei que os conselhos são bem-intencionados. Além disso, eles também sabem quais são os meus valores, então existe um fundamento no que me dizem. Fico feliz por ser aconselhada, e tento sempre me manter aberta ao que pensam, mesmo que, no fim das contas, eu não siga essas orientações. No entanto, tento não me prender muito ao que as pessoas fora do meu círculo mais próximo me dizem. Existem situações em que posso receber conselhos maravilhosos de colegas ou pessoas adultas em geral, mas, como não me conhecem tão bem, essas palavras podem me desvirtuar daquilo que acredito e desejo realizar.

A Voz que Vem de Dentro

Grande parte do trabalho realizado para se sentir bem consigo mesmo vem de dentro para fora. O que queremos dizer com isso é que o foco precisa estar no que importa para *você* e em como deseja ser visto. Quando se trata de redes sociais e cultura de massa, os conteúdos que absorve geralmente priorizam como as coisas são vistas externamente. As mensagens que circulam nesses espaços são verdadeiras distrações ao desenvolvimento dos aspectos mais centrais de uma pessoa. Com elas, desejamos certa aparência ou focamos atividades que não trarão satisfação duradoura, tampouco contribuirão para a melhora dos nossos sentimentos de autoestima. Talvez esses conteúdos nos satisfaçam no momento presente, mas essa sensação não dura muito. Talvez se sinta melhor consigo mesmo porque viu algo nas redes sociais (ou melhor, porque se comparou com algo) ou talvez tenha ganhado vários "likes" com o conteúdo que postou, e isso traz satisfação. Duas horas depois, pode encontrar algo que fará com que sinta o oposto. Isto é, você se sentirá pior consigo mesmo. É como quando comemos algo doce e sentimos o pico de energia do açúcar bater, mas logo nos sentimos para baixo de novo. Com isso, um ciclo de vício é criado — você precisa de uma distração para se sentir melhor, mas, em última instância, depois que o breve prazer momentâneo se esgota, sente-se pior consigo mesmo. Não, isso não significa que daqui em diante precisará eliminar todos os seus prazeres momentâneos — os picos de açúcar —, mas será necessário colocá-los em perspectiva e limitar o seu consumo, especialmente quando sabe que está mais vulnerável a ativar possíveis gatilhos. As redes sociais permitiram as pessoas projetar uma falsa sensação de sucesso, e é justamente por isso que fica mais difícil se concentrar nos objetivos conectados àquelas características que realmente apreciamos. Se quisermos experienciar uma sensação de preenchimento duradoura, assim como uma autoestima mais consistente e estável, precisaremos olhar para as nossas formas de nos conectar com outros, de atribuir sentido à vida, de alcançar um propósito e de cultivar valores e crenças em algo que nos transcende.

Melina e Sua História

Um dia, Melina e alguns de seus amigos mais próximos da escola entraram em uma discussão em que ela não se sentiu acolhida por nenhum deles. Logo depois, o grupo de conversas que mantinham deixou de ser tão ativo, então ela pensou que eles haviam criado um novo grupo no qual não havia sido incluída. Para provar que não precisava deles, decidiu postar uma foto sua com outros amigos no Instagram. Primeiro, Melina se sentiu ótima por ter postado aquilo. Recebeu vários "likes" e pensou que seus amigos sentiriam sua falta quando vissem a foto. Mas quando deixaram de dar notícias, sentiu-se chateada por ter descido ao mesmo nível que o deles, sentindo-se ainda mais rejeitada.

* kelly * Quando algo ruim acontece comigo, sei que existem algumas coisas que posso fazer para me sentir melhor. Mas ainda mais importante do que saber isso é reconhecer que algumas outras coisas farão com que eu me sinta muito pior. É muito fácil cair em um comportamento autodestrutivo em determinadas situações. Quando me sinto sozinha em casa, por exemplo, geralmente rolo pelo *feed* do Facebook e do Instagram em busca de posts dos meus amigos. Pode até parecer divertido em um primeiro momento, mas depois começo a me sentir triste ao pensar que as outras pessoas se divertem muito mais do que eu. Como sei que essa é uma tendência minha, tento não acessar as redes sociais quando me sinto triste ou deprimida. Em vez disso, ligo para alguém que me deixará contente, como algum dos meus amigos mais próximos, meus pais ou meus irmãos. Dessa forma, eu me conecto de maneira significativa com alguém que amo e que sei que me ama de volta. E, no fim das contas, sempre me

sinto muito mais feliz assim do que se tivesse entrado em alguma rede social.

Dá para perceber como essas distrações momentâneas são capazes de afetar negativamente a nossa autoestima. Quando nos comparamos constantemente com outras pessoas, também nos colocamos em uma montanha-russa de emoções. E pode ser que, nessa situação, ver alguém compartilhar uma experiência ruim faça com que sintamos uma perversa satisfação por não estarmos tão mal assim — uma satisfação com um prazo curto de validade. Isso porque, em última instância, por não concentrarmos nosso foco e energia naquilo que é capaz de nos ancorar em nossas virtudes, sentimo-nos ainda pior internamente.

Experimente isso! Faça uma lista em seu diário das atividades que, ao longo do tempo, não têm sido úteis para lidar com os seus momentos de vulnerabilidade, muito menos o ajudaram a sair deles. Em seguida, depois de completar essa primeira etapa, faça outra lista, dessa vez com as atividades que costumam fazer com que se sinta melhor (por exemplo, ligar para um amigo ou um familiar próximo, trabalho voluntário, fazer exercícios). Quando se sentir mal, essa lista poderá ajudá-lo a tomar decisões mais produtivas diante da dor. Pode ser que, ao escolher uma alternativa pautada nos seus valores, não se sinta instantaneamente melhor, mas, a longo prazo, evitará que piore, além de trazer um bem-estar maior para a sua vida.

Virtudes e Caráter — Conexões e Reconexões

Para conquistar e tornar o seu sentimento de autoestima cada vez mais sólido você deve se concentrar no seu caráter e virtude — como deseja se comportar e como deseja que os outros o enxerguem e o sintam. No entanto, isso não evita que alguns pensamentos e sentimentos negativos o perturbem de tempos em tempos, muito menos significa que, de agora em diante, nunca mais contrariará as crenças e valores que identificou. O que acontecerá é que, ao exercitar esses aprendizados, você se reconectará e se reorientará de acordo com as qualidades e intenções que trazem sentido e significado para a sua vida.

Ao longo dos anos, suas virtudes identificadas podem mudar. Assim, para acomodar perspectivas e metas diferentes, alguns ajustes serão realizados conforme você vive novas experiências e descobre cada vez mais sobre si mesmo, sobre os outros e sobre o seu mundo em constante expansão. Conscientizar-se daquilo que valoriza de maneira frequente lhe dará a chance de reavaliar o que funciona e o que não funciona e, então, repriorizar o que é mais importante no momento.

* kelly * Neste ponto da minha vida, sinto que estou constantemente em processo de transformação. Na faculdade, tenho cursado algumas matérias sobre assuntos completamente novos para mim, coisas que nunca aprendi antes ou sequer pensei que pudessem existir. Em um semestre, posso alterar totalmente a minha visão sobre algum tema ou questão específica. Eu já sabia que amava trabalhar com crianças quando comecei a faculdade. Durante o ensino médio, participei de um programa de voluntariado direcionado às crianças do ensino fundamental e passei dois verões incríveis como mediadora em um acampamento. Na faculdade, comecei a me voluntariar em algumas organizações com o foco na juventude. Contudo, foi apenas quando passei a frequentar algumas disciplinas sobre educação e justiça educacional que pensei que esse era um assunto que me interessava muito. Decidi, então, depois de um curso de formação específico, que realmente valorizava a educação e que era nessa área que queria engatar uma carreira. Assim que soube que esse era o

meu maior interesse, abandonei todas as outras atividades extracurriculares para dedicar todo o meu tempo livre ao trabalho nas escolas públicas do meu município. Atualmente, dedico muitas horas da minha semana às crianças dessas escolas, seja ao trabalhar junto delas ou ao defender os seus direitos.

Ligue os Pontos

Parte essencial de colocar à prova os comportamentos que não o ajudam é identificar aquilo que realmente importa e viver de acordo com esses princípios. Ao prezar as suas virtudes, você ativará ações capazes de intensificar os seus sentimentos de bem-estar e autoestima. Mas quando reage aos pensamentos e emoções negativas associados a gatilhos, o oposto acontece, prejudicando as suas relações e fazendo com que você se sinta ainda pior consigo mesmo. Talvez, em um primeiro momento, você sinta dificuldade de se comportar de formas conectadas aos seus valores. Mas basta tempo e prática para que as suas reações involuntárias e ineficazes sejam substituídas por comportamentos pautados e orientados pelas suas virtudes. Enquanto isso, mantenha sua lista de qualidades e comportamentos conscientes (ações intencionais) sempre a postos. Assim, toda vez que precisar de um lembrete, é só buscar essa colinha.

capítulo 4

Conecte-se Consigo Mesmo e com os Outros

Como vimos no capítulo anterior, frequentemente buscamos comparações externas para tentar melhorar a nossa autoestima, e em determinadas situações, até mesmo desvalorizamos outras pessoas e as conquistas delas. Certamente, essa não é uma rota confiável, produtiva ou consistente para melhorar a forma como nos vemos e nos aceitamos. Na verdade, diversas pesquisas apresentaram a prática da autocompaixão como o melhor caminho em direção a uma maior autoestima. Autocompaixão significa tratarmos a nós mesmos da maneira que trataríamos nosso melhor amigo — *mesmo* nos momentos em que ele pisa na bola! Saber como dedicar a compaixão a alguém é um começo, e a boa notícia é que, provavelmente, por já termos visto e acolhido amigos e pessoas queridas em momentos de necessidade — quando sofriam por serem extremamente autocríticos — sabemos como fazê-lo. A grande questão é que, infelizmente, quase ninguém tem muita experiência em aplicar o mesmo princípio consigo mesmo.

Autocompaixão X Autocrítica

Exercitar a autocompaixão é uma tarefa desafiadora. Afinal, escondemos dos outros há um bom tempo camadas da nossa personalidade das quais não gostamos ou que temos vergonha em expor. E como a maioria das pessoas, é mais fácil se identificar com aquele crítico interno que nos habita do que com a voz gentil que surge para tentar acolher nosso conflito pessoal. Pense nesse crítico interno como a figura representativa do nosso estresse e ansiedade. Do lado oposto, a autocompaixão pode ser identificada como a oxitocina, ou outros "hormônios da felicidade", liberados nos momentos em que somos cuidados. É pela autocompaixão que nos sentiremos melhores com nós mesmos quando cometermos um erro. Já o crítico interno é quem agirá para fazer com que nos sintamos piores.

Drible o Seu Crítico Interno

Como todas as outras pessoas, você também tem uma sombra que o acompanha em todos os seus passos. O nome mais apropriado para descrevê-la é crítico interno. Ele geralmente aparece sem ter sido convidado e, nessas aparições, pontua onde errou e quais são as suas falhas e os seus vacilos. É um narrador de todas as suas crenças negativas a respeito de si mesmo, e nessas narrações, é capaz de encarnar a voz daquelas pessoas que, em algum momento, já o criticaram ou fizeram comentários cruéis sobre a sua personalidade. O autocrítico também assume o papel de manter as próprias experiências negativas do passado sempre vivas, e a partir delas, fazer projeções sobre o que pode acontecer no presente e no futuro.

Experimente isso! Escreva todas as frases negativas que cruzarem a sua mente quando for provocado por alguma pessoa ou situação. Se precisar refrescar a memória sobre os tipos de pessoas capazes de acionar seus gatilhos, retorne ao Capítulo 2 e procure pelos nomes identificados. Em seu diário, descreva situações conflituosas e inclua a elas as suas crenças negativas sobre si mesmo. Tente ser o mais preciso possível.

Alicia e Sua História

Sou a primeira da minha família a fazer um curso superior. O lugar que estudo tem uma rede de apoio muito forte para pessoas que possuem uma história similar à minha. Isso faz com que eu tenha a oportunidade de receber diversos conselhos de veteranos e de pessoas mais velhas que também passaram por essa situação. Além disso, tenho vários colegas com quem posso conversar a respeito. Mesmo assim, há momentos em que me sinto excluída nas conversas durante as aulas e também em algumas interações sociais. Recentemente, por exemplo, um grupo de alunos do meu andar na residência estudantil conversavam na área comum. Quando cheguei, estavam bem no meio de uma conversa e bastou que eu aparecesse para que parassem de falar. Fiquei bastante desconfortável. Então perguntei por que pararam de conversar quando me viram. Responderam que estavam comentando sobre os diferentes internatos e outros tipos de colégio interno que haviam frequentado e quais eram as tradições desses lugares e, por isso, não queriam que eu me sentisse deixada de lado, já que nunca havia vivido uma experiência como a deles. Assim, pararam de falar para engatarem em algum outro assunto que eu pudesse participar também. Sei que tentaram ter consideração por mim, mas isso fez com que me sentisse mal comigo mesma, porque, ainda que eu saiba que não tenho o mesmo currículo escolar que o deles, posso estar presente nessas conversas. Toda essa situação fez com que me sentisse mal com a minha própria identidade e me questionei sobre quais outros assuntos eles não conversam comigo.

Essas são as frases negativas que ficam na cabeça da Alicia:

Sinto como se não fosse boa o suficiente comparada aos outros alunos, que tiveram mais acesso à cultura do que eu. Parece que não sou tão inteligente quanto eles e que, por isso, não mereço frequentar essa faculdade.

Todos nós já experienciamos um forte senso de autocrítica em nossas vidas — na sua provavelmente não foi diferente. E talvez, nesses momentos, você não tenha recebido muita compaixão das pessoas ao seu redor. Por essa perspectiva, é justificável que o ato de se criticar tenha sido muito mais adaptado à sua vivência do que acolher a si mesmo. Podemos pensar no criticismo como a expressão de um coração fechado. Enquanto isso, a compaixão representa o extremo oposto. Fazer a transição entre um coração fechado para um coração aberto não é um movimento fácil. Até porque a autoproteção pode ter sido um mecanismo indispensável ao seu desenvolvimento. Por isso, é natural que tente resistir a esse processo de abertura.

Contudo, não é possível manter o coração sempre aberto. A depender das experiências que teve, pode tanto abri-lo como fechá-lo. Quando nossas crenças negativas não são ativadas por gatilhos, torna-se muito mais fácil praticar esse estado de abertura. Nessas situações, é provável que sintamos que não há tanta necessidade de nos protegermos. Com isso, também nos permitimos ser mais vulneráveis. Infelizmente, porém, nossas crenças e experiências negativas podem fazer com que sintamos que precisamos nos proteger constantemente. Talvez esses mecanismos de defesa influenciem positivamente o nosso humor a curto prazo, mas não serão eles que nos levarão em direção as virtudes. Quando acolhemos nossos embates com autocompaixão, gentilmente reconhecemos nosso próprio sofrimento, além de reconhecemos que temos feito o nosso melhor para lidar com a situação. O mais comum é respondermos de modo tão automático e inconsciente a algum gatilho que sequer percebemos que sofremos com isso. Ou quem sabe pode até ser que estejamos consciente sobre as lutas que atravessamos, mas escolhemos a autocrítica para contorná-las.

Agora, analisaremos como situações conflituosas e as consequentes frases negativas podem ser alteradas por uma abordagem pautada na autocompaixão.

Desenvolva a Autocompaixão

A partir da história de Alicia, mostraremos como olhar para si mesmo com compaixão, o que ressaltará aspectos positivos da sua personalidade, geralmente ignorados pelo seu crítico interno, e que transformarão a sua experiência de vida e sua perspectiva sobre ela.

Através de uma abordagem mental baseada na ênfase das suas qualidades, pontos fortes e habilidades, isto é, *asset-based thinking* (ABD), é possível aproximar-se da autocompaixão. Diante de um desafio ou um obstáculo, esse modelo de pensamento direciona o nosso foco para as metas e recursos que talvez tenhamos. Isso não significa, no entanto, que os aspectos negativos e defeituosos de uma situação serão ignorados. Mas para encontrar uma solução e assim seguir adiante, não devemos nos concentrar em consertar aquilo que se rompeu ou que está errado. Em vez disso, o foco será fortalecer aquelas potências que *já existem* dentro de nós. Pessoas que pensam a partir dos recursos estão aptas a perceber que existe um valor intrínseco a toda situação e pessoa — o que inclui nós mesmos!

No relato, Alicia explicou que se sente inferior quando se compara aos seus colegas de turma que vêm de um contexto socioeconômico mais alto ou que tiveram um acesso maior à cultura. Ela sente que não pode participar de determinadas conversas porque suas vivências foram diferentes das de alguns colegas. Para desenvolver mais compaixão por si mesma, em vez de se concentrar naquilo que não tem, ela pode pensar como as próprias experiências poderiam acrescentar um elemento completamente novo e singular às conversas. Ao sentir-se empoderada a compartilhar a própria experiência nessas situações, ela também se torna um membro importante do grupo. Além disso, suas contribuições são realmente importantes. A partir delas, os seus colegas saberão mais sobre a vida e vivências dela. Assim, Alicia pensará consigo mesma: "Eu tenho valor. Sou importante. Minhas experiências são interessantes e importam para mim. Meus colegas ficarão interessados em ouvir o que tenho a dizer."

Experimente isso! Agora que você já leu um exemplo, pegue as situações e afirmações que escreveu no exercício anterior e adicione declarações de autocompaixão a elas. Se esse for um processo difícil para você, pense no que diria a um grande amigo para que ele pudesse ver um acontecimento de todos os ângulos, e a partir disso, pudesse se sentir melhor consigo mesmo.

Encontre Conexões

Frequentemente, nossos sentimentos sobre nosso eu nos trazem muita solidão e desamparo. Isso pode nos fazer esconder partes de nós mesmos, isolando-nos do mundo externo. É comum ouvirmos certas declarações de adolescentes que lutam contra as crenças negativas que possuem de si mesmos: "Eu me sinto completamente sozinho com as minhas crenças." "Pareço um alienígena." "Tenho a sensação de que ninguém mais entende como me sinto: solitário, excluído, diferente, um estranho no ninho." Esse medo que sentimos de expor tudo aquilo que somos nos leva a um caminho cada vez mais próximo da autocrítica e do julgamento. Como isso nos separa ainda mais dos outros, nossas experiências chegam até nós através de uma perspectiva distorcida. Assim, por nos isolarmos das pessoas, conseguimos apenas observar os aspectos mais superficiais. No momento em que isso acontece, podemos facilmente chegar à conclusão de que a vida dos outros é mais perfeita que a nossa. Desse modo, para que não sejamos vistos pelas nossas limitações, falhas e aspectos menos importantes, intensificamos o impulso, desejo ou necessidade de nos manter cada vez mais isolados.

Analisaremos agora como criar conexões mais profundas com as pessoas ao nosso redor.

Conflitos em Comum

Lembra de algum momento em que você desabafou sobre os seus problemas com outra pessoa ou quando alguém lhe falou sobre um problema que você ou ela estava tendo, e como isso foi um motivo para se aproximarem? Ou lembra de ter sentido, naquele momento, uma conexão que não havia sentido antes? Escreva sobre isso em seu diário.

Ross e Sua História

Fazia poucos meses que Josh e eu estávamos namorando, mas já nos conhecíamos desde o ensino fundamental. No ensino médio, começamos a fazer parte do mesmo grupo de amigos. Fosse dentro ou fora da escola, estávamos juntos o tempo todo. Sinto que sempre existiu algo entre nós, mas até o meu primeiro ano do ensino médio, ainda não havia saído do armário. Quando fiz isso, recebi todo o amor e suporte do meu grupo de amigos, e assim, Josh e eu começamos a sair cada vez mais sozinhos. Logo depois, decidimos oficializar o nosso namoro. Não me lembro de nenhum outro momento da minha vida em que eu tenha sido tão feliz. Nós dois cuidávamos muito um do outro e nos divertíamos bastante juntos.

Mas depois de um mês, comecei a perceber que, como passávamos a maior parte do tempo juntos, não sobrava muito espaço para ficar com outras pessoas, entre elas, meus amigos e familiares. Não sabia como explicar para Josh o que eu sentia, porque esse sentimento não estava relacionado com o quanto amava ficar com ele, mas a minha impressão é que isso fazia com que não pudesse ver mais ninguém. Não queria compartilhar essa situação com nenhum dos nossos amigos em comum, já que pensei que, pela proximidade, isso os deixaria em uma posição desconfortável. Então decidi que me abriria com Chloe, uma amiga minha da turma de debate. Por ser muito doce e empática, achei que ela poderia me ajudar e que gostaria de compartilhar comigo esse momento. Ela se sentiu muito grata por eu ter desabafado e falou que estava feliz por ter confiado nela. Além de ter me oferecido um bastante apoio, ela também me ajudou a encontrar uma forma de explicar para Josh o que eu sentia, sem que isso o fizesse duvidar do quanto amava estar com ele. Saí bem confiante dessa conversa com Chloe, porque senti que tinha encontrado uma forma de lidar com o meu problema. Ao mesmo tempo, que amei o fato de ter conseguido desenvolver uma conexão mais profunda com ela.

Todo Mundo Sofre

Se você viveu alguma experiência próxima a essa, é muito provável que ela tenha sido atrelada a uma confusão de emoções — apesar de ter desenvolvido uma conexão maior com a outra pessoa, você também se sentiu mais vulnerável. Mesmo ao sentir que prestavam atenção e entendiam a sua história, sentiu como se tivesse compartilhado informações que poderiam se voltar contra você, que seriam usadas para machucá-lo, ridicularizá-lo ou expô-lo às outras pessoas. Sentiu o seu coração se abrir, e você mesmo estava mais aberto. Mas logo depois, um impulso ou uma necessidade de se fechar novamente veio à tona. Sentiu-se corajoso e isso o deixou orgulhoso, mas isso também o fez se sentir um grande idiota, o que fez com que o alarme da autocrítica apitasse. Todos esses pensamentos, sentimentos e experiências são naturais.

Ao compartilharmos nossas experiências com alguém, também fazemos um convite para que essa pessoa faça o mesmo. É por meio dessa troca que se torna mais fácil entender um aspecto da compaixão conhecido como humanidade compartilhada. Nossa perspectiva se torna limitada em um momento de sofrimento, seja permeado por emoções negativas ou pela saturação com as muitas adversidades com as quais precisamos lidar — porque conseguimos apenas enxergar a nossa própria vida e experiências. Estamos imersos no "eu" do furacão — dentro dele, não conseguimos perceber que todas as pessoas também sofrem. Todos os seres humanos sofrem — somos todos vulneráveis, mortais e perfeitamente imperfeitos. Abraçar a autocompaixão é reconhecer que todos nós sofremos, todos temos as nossas próprias inadequações e falhas pessoais — isso faz parte da experiência humana compartilhada. Não se trata apenas de um "eu" — mas sim de um "nós". Eu, você e todas as pessoas do planeta compartilhamos desse mesmo ponto em comum. O sofrimento existe para todos, mesmo que de formas diferentes.

O primeiro passo é se conscientizar do seu sofrimento. É possível que agora, depois de ter lido os Capítulos 2 e 3, e completado todos os exercícios propostos, já se sinta mais consciente. No entanto, pode ser que ainda resista a encarar aquilo que o faz sofrer, pois tem medo de enfraquecer nesse processo. É comum que as pessoas precisem se familiarizar com o conceito da compaixão antes de abraçar a autocompaixão. Através da compaixão, é possível reconhecer o sofrimento dos outros, de desejar que se libertem dessa dor e também de encontrar uma motivação para tentar atenuar as angústias que essas pessoas enfrentam. Nesses momentos, ao solidarizar-se realmente com alguma situação, permitirá a si mesmo estar mais aberto e vulnerável, autorizará que as pessoas também vejam o seu sofrimento — é nesse momento que a verdadeira conexão com o outro acontece.

Talvez experimente emoções quase insustentáveis ao contemplar o seu sofrimento. Mesmo que seja uma reação natural, é provável que também seja muito desconfortável e talvez até intolerável. Se enfrentar dificuldades nisso, recorra a sua rede de apoio — algum de seus responsáveis, uma pessoa amiga, um treinador, um professor ou então um pedagogo.

Kumail e Sua Experiência

Kumail sempre sofreu muita pressão dos seus pais para "manter a compostura" e não permitir que os outros descobrissem suas fraquezas. Uma das coisas que o seu pai lhe disse foi que os meninos não devem mostrar para as pessoas quando estão magoados com algo. Na escola, ele tirava boas notas e tinha muitos amigos, então realmente pensava que não existiam muitos pontos fracos na sua vida a serem escondidos. Mas nas horas em que algumas emoções difíceis apareciam, ele sabia que deveria apenas fingir que nada havia acontecido e manter-se firme, sem afetações. Não demorou muito para deixar de reconhecer quais eram os momentos em que os ressentimentos surgiam na sua vida, pois os ignorava por completo.

Recentemente, seu tio morreu em um acidente de carro. Mesmo assim, por muito tempo, Kumail não se deixou levar verdadeiramente pelas emoções que sentia; quando percebeu que existia uma enorme tristeza dentro de si por essa perda, sentiu-se devastado e muito sufocado com isso. Diante da dor, não tinha certeza se conseguiria administrar tantos sentimentos sozinho.

Uma de suas amigas, Meher, percebeu que ele estava triste e perguntou se estava tudo bem. Então Kumail compartilhou a história de sua perda e contou o que sentia, ao que a amiga reagiu com compaixão — ela soube reconhecer o sofrimento que o amigo atravessava e também compartilhou a própria experiência em relação à perda e às emoções opressoras que a acompanham às vezes. A partir dessa troca, ele entendeu que não era o único a passar por um sofrimento como esse. Compartilhou com alguém a sua experiência; e, em retorno, esse alguém também compartilhou a dela. Assim, aprendeu na prática como a compaixão acontece. Para praticar a autocompaixão, Kumail precisaria se tratar do mesmo modo como Meher o tratou.

Consegue imaginar tratar a si mesmo com um acolhimento, compreensão e carinho equivalentes ao que dedicaria a outra pessoa ou ela a você? Se a resposta for positiva, essa é uma ótima maneira de acessar a compaixão e direcioná-la para si mesmo.

Lide com Aquilo de que Não Gosta em Si Mesmo

Como não consegue se imaginar falando consigo mesmo com uma voz doce e amorosa, a autocompaixão pode parecer uma conquista muito distante. Uma parte dessa frase provavelmente é verdadeira, sobretudo ao levarmos em consideração os traços da sua personalidade que você oculta ou os que odeia, esforçando-se para negá-los, ou as emoções que tem dificuldade para aceitar. É assim que funciona, todas as pessoas se sentem desafiadas diante de situações que preferem evitar.

É por essa razão que o exercício desenvolvido por Sharon Salzberg, em seu livro *Loving-Kindness: The Revolutionary Art of Happiness* [sem publicação no Brasil], é tão fascinante. Nele, ela oferece uma prática alternativa de meditação que visa os "Aspectos Difíceis de Si Mesmo". Através deste exercício, você pode criar uma meditação de "gentileza-amorosa" específica para sua vida e às batalhas que tem travado nela.

Experimente isso! No Capítulo 2, você identificou suas crenças e gatilhos e os comportamentos improdutivos que surgiam em resultado deles; no Capítulo 3, você identificou suas virtudes e se conscientizou de como colocá-las em prática. Revise os exercícios concluídos nesses capítulos e analise quais de seus aspectos são mais desafiadores para você. Faça uma lista. Depois de completar essa etapa, escolha quatro deles e distribua-os em uma lista numerada. Na sequência, crie uma frase que visa uma intenção para cada um. Comece por "Eu posso...". A partir dessas frases, você deverá se sentir conectado aos seus desafios.

Segue abaixo um exemplo de uma meditação de "gentileza-amorosa":

Aspectos difíceis de mim mesmo:

1. Minha raiva.
2. Meu medo de fracassar.

3. Minha insegurança sobre a forma como os outros me enxergam.

4. Minha personalidade crítica.

Frases intencionais para cada um dos aspectos:

1. Posso viver com gentileza-amorosa.

2. Posso me livrar do medo.

3. Posso celebrar os meus traços positivos.

4. Posso perdoar mais e me manter positivo.

Pelo menos uma vez por dia, pratique a sua meditação de "gentileza-amorosa". Escolha o horário que mais funcionar. Pode ser que prefira realizá-la pela manhã para ditar o tom do seu dia. Mas pode ser que prefira encerrar a rotina com um lembrete positivo, escolhendo meditar antes de dormir.

Compartilhe Partes de Si Mesmo

Em nosso livro *Communication Skills for Teens*, nós discutimos como se dá o processo de permitir que outras pessoas nos conheçam profundamente, além de abordar as possíveis recompensas dessa abertura emocional. Hoje, já temos o conhecimento, fundamentado por diversas pesquisas, de que nos sentimos melhor a respeito de nós mesmos de acordo com a intensidade das conexões que conseguimos desenvolver com os outros. Claro que, dentro disso, é importante que saibamos escolher as pessoas certas para compartilhar nossas informações mais íntimas. Em geral, é difícil saber de imediato quem são essas pessoas. Por isso, aconselhamos uma abordagem gradual em direção à abertura emocional. Trazemos, então, oito passos para que você possa se abrir com os outros.

1. *Preferências e interesses.* São as coisas que gostamos ou não — por exemplo, odiamos uma matéria específica, como álgebra, e adoramos de paixão a nossa banda favorita. Isso se estende a estilos, lugares, atividades, celebridades, diferentes tópicos de conversa e até mesmo — em uma camada mais arriscada e corajosa — coisas relacionadas a nós mesmos de que gostamos em maior ou menor intensidade. Muitas vezes, compartilhar nossos gostos e preferências criará uma sensação instantânea de intimidade e, a partir dessa atitude, as outras pessoas geralmente se sentirão convidadas a compartilhar as próprias preferências e interesses conosco.

2. *Informações.* São as coisas mais elementares. Entre elas: as matérias que cursamos, se tocamos algum instrumento ou praticamos algum esporte, o que fazemos nos fins de semana, que ônibus pegamos para ir para casa ou o bairro onde moramos. Esses compartilhamentos também estão na categoria de baixo risco — geralmente, essas informações não fornecem às pessoas muita base para julgá-lo. Entretanto, elas passam a sentir que começaram a nos conhecer melhor.

3. *História de vida.* Uma categoria de baixo risco. Podemos incluir algumas histórias engraçadas ou curiosas do nosso passado, coisas que aconteceram na nossa vida e que podem alimentar uma conversa ou que são apenas divertidas de serem compartilhadas. Em um nível mais profundo, podemos permitir que os outros acessem as situações mais difíceis ou dolorosas que já aconteceram na sua trajetória — quem sabe os desafios ou as crises que superamos. Compartilhar dificuldades pode parecer mais arriscado, mas é uma

boa maneira de aumentar a confiança nas relações. Quando escutamos eventos da vida de alguém que não foram tão bons assim, tendemos a nos sentir mais seguros e também mais próximos dessa pessoa.

4. *Opiniões*. O modo como pensamos sobre as coisas e como as avaliamos é um assunto importante. Algumas das nossas opiniões emergem de um lugar muito profundo dentro de nós e refletem a maneira sincera que vemos o mundo. Um dos pilares de um relacionamento sólido e confiável é saber como cada pessoa da relação percebe o que está ao redor. Imagine como seria desenvolver uma conexão com alguém que nunca compartilha nada sobre o que pensa ou sobre as próprias crenças. Essa pode se tornar uma situação desconfortável, porque não fazemos ideia das motivações daquela pessoa. Além disso, isso também pode nos impedir de criar uma conexão verdadeiramente significativa. Estar disposto a compartilhar com o outro algumas de nossas opiniões — mesmo nos assuntos mais banais — transforma os relacionamentos em espaços mais seguros e profundos.

5. *Valores*. Na mesma categoria das opiniões, mas mais pessoais e importantes, estão os nossos valores. É com eles que realmente nos importamos — pois indicam como desejamos viver a nossa vida. Nesse sentido, os valores podem incluir como desejamos nos comportar e interagir com as pessoas de quem gostamos, o que queremos fazer da vida e as coisas com as quais nos sentimos de fato comprometidos. Talvez dentro dos valores também esteja o mundo que sonhamos em construir e o que acreditamos que as pessoas deveriam fazer umas pelas outras. Como os valores apresentam

essa característica de serem tão especiais, dificilmente serão mencionados com a devida importância diante de um novo amigo. Mas para desenvolver um relacionamento mais profundo, considerar compartilhar alguns de nossos valores pode ser um grande passo.

kelly Toda vez que começo a frequentar um ambiente desconhecido, seja um trabalho novo ou uma escola diferente, defino que uma das minhas principais prioridades será encontrar um grupo de pessoas com quem eu queira sair. Nem sempre essas pessoas se tornarão amizades duradouras. No ano passado, por exemplo, comecei a trabalhar em um lugar onde conheci alguns colegas com idades similares a minha, e nos demos muito bem. Tivemos momentos incríveis juntos e curtíamos bastante, tanto durante o expediente quanto em nosso tempo livre. No entanto, quando começamos a nos encontrar em outras situações além do trabalho, percebi que, na verdade, nossos valores não combinavam nem um pouco. Amavam sair e festejar. Mesmo que eu me divertisse ao sair com eles, comecei a perceber que se importavam apenas com esse tipo de programação. Quanto a mim, gosto de sair, mas também gosto de me encontrar com meus amigos para fazermos outras coisas juntos. Essa diferença não impedia que continuássemos a sair, mas também foi o que me fez reconhecer que o nosso relacionamento teria certas limitações.

6. *O que desejamos*. No passado, desejávamos algumas coisas. Para o futuro, existem algumas outras coisas que ainda queremos. Quando éramos mais novos, o que queríamos talvez fosse algo simples, como um kit de Lego no nosso aniversário de 7 anos. Outros desejos

talvez fossem mais profundos, como passar mais tempo com nosso irmão depois que ele saiu de casa. Os desejos futuros podem estar relacionados a uma carreira ou simplesmente podem significar uma esperança de que não precisaremos mais cursar aulas de francês no ano que vem. Ao compartilharmos *algumas* das coisas que desejamos, nosso relacionamento com alguém tende a se aprofundar — e isso pode encorajar essa troca com nossos amigos. A real recompensa desses momentos em que eles também compartilham os próprios desejos é *nos* sentirmos incluídos em uma relação. É então que *nós* sentimos uma conexão profunda.

7. *Memórias do passado.* São com estas memórias que o tecido da vida é costurado — momentos de esperança, tristeza, medo, amor, raiva e até sentimentos passados que, algum dia, já tivemos sobre nós. Como os *bons* sentimentos oferecem um risco menor na partilha, geralmente parece mais seguro começar por eles. Mas pode ser um verdadeiro alívio compartilhar com alguém os nossos sentimentos mais vulneráveis ou dolorosos — porque finalmente alguém saberá e compreenderá o que vivemos. No entanto, em relação a essas emoções mais sombrias, é mais adequado, em um primeiro momento, fazer apenas uma breve menção a elas. Cheque se existe, do outro lado, o interesse e a vontade de ouvi-las. Uma vez que tocarmos a ponta do dedo para medir a temperatura, já poderemos decidir se desejaremos mergulhar de cabeça.

8. *Experiências atuais.* São as suas expressões sobre o que você deseja e sente *agora*. Os sentimentos e necessidades relacionados a alguém que não está presente

(isto é, alguém que não seja a pessoa com quem conversamos) representam o ponto mais baixo na escala de risco desses compartilhamentos. Já no outro extremo, talvez sejam os nossos sentimentos ou as nossas necessidades em relação à pessoa em nossa frente, os principais representantes daqueles assuntos mais complicados de serem compartilhados. Isso, de fato, é assustador porque inclui o risco da rejeição. Mas uma vez em que são finalmente revelados, a relação que temos com alguém é alterada de maneira surpreendente. Dizer algo como "Esse evento foi superdivertido, adoraria ir para mais lugares assim" pode desencadear alguns retrocessos dolorosos se o relacionamento estiver estacionado. Mas caso o amigo também esteja aberto, admitir isso também resultará em uma conexão mais próxima e profunda. Já é bastante desafiador compartilhar sentimentos positivos; quando se tratam de emoções negativas atuais, então provavelmente a execução atingirá o nível máximo de dificuldade. No entanto, se não conseguirmos fazer isso e nossos sentimentos persistirem, poderão criar uma ferida silenciosa da qual uma amizade talvez nunca se recupere.

* **kelly** * Não é raro que, em muitos momentos, eu sinta como se não fosse tão inteligente ou tão dedicada quanto as outras pessoas que frequentam a minha faculdade. Todos os alunos levam muito a sério os seus trabalhos, e há momentos em que parece que todos são mais ocupados do que eu ou que as conquistas deles são sempre maiores do que as minhas. Quando guardo esses sentimentos negativos para mim mesma, eles me machucam e fazem com que eu me sinta mal comigo mesma.

Nos últimos tempos, porém, fiz uma nova amiga, muito atenciosa e otimista sobre a vida. Mesmo que tenhamos nos conhecido recentemente, decidi que contaria para ela sobre como me sentia "inferior" às outras pessoas. Relatei que isso me deprimia e que, consequentemente, tinha menos motivação para fazer o que precisava fazer. Desde o princípio, sabia que expressar esses pensamentos poderia ser arriscado. Será que ela me julgaria? Concordaria comigo que realmente sou menos competente que meus colegas? No fim das contas, nada disso aconteceu. Sabia que ela era uma pessoa cuidadosa e foi justamente esse o motivo pelo qual decidi compartilhar esses anseios. Sua atitude provou que eu estava certa — ela me ouviu com atenção e enfatizou que, quando vemos outras pessoas bem-sucedidas, é natural nos sentirmos como se estivéssemos muito atrás, mas que, na verdade, todos enfrentam os próprios desafios e ninguém consegue controlá-los o tempo todo.

Para muitos de nós, compartilhar nossa vida não é algo que acontece espontaneamente. Talvez sua estrutura familiar o tenha envergonhado, criticado ou até mesmo ridicularizado por ser quem é. Com isso, você internalizou que precisava sempre se camuflar. Se esse é o seu caso, o risco de compartilhar qualquer coisa com alguém parecerá um feito enorme.

Diante de algumas situações, não precisamos passar por todas essas etapas para compartilhar nossas vulnerabilidades com alguém. Portanto, não se preocupe se pular alguma delas — este é um guia que aborda a maneira mais cautelosa para desenvolver uma relação com alguém. Existem outras formas mais rápidas de se chegar ao mesmo lugar, como nos aventurar em passeios ao ar livre ou ir a retiros ou outros eventos de estreitamento de laços com pessoas que ainda não conhecemos bem.

* **kelly** * Uma veterana minha me disse uma vez que foi em um retiro noturno organizado pela nossa faculdade, e que a experiência foi bastante divertida, além de ter feito vários novos amigos. Quando soube disso, resolvi que participaria do próximo. Antes de ir, questionei-me se seria realmente possível fazer novos amigos em apenas um ou dois dias. Mas, como havia escutado coisas boas do passeio e é sempre divertido conhecer gente nova, concordei em ir. Eu e Sami, uma amiga, nos inscrevemos juntas. Mas quando chegamos lá, fomos separadas em diferentes tendas e pequenos grupos de debates. Em um primeiro momento, essa configuração de estar com pessoas totalmente desconhecidas me deixou ansiosa, até porque achei que poderia contar com a presença familiar de Sami. Por acaso, uma das meninas que ficou na minha tenda, Francesca, também participou do mesmo fórum de debate que o meu, e isso fez com que passássemos muito tempo juntas no nosso primeiro dia ali. De cara nos identificamos uma com a outra – primeiro por causa de nosso amor por chá (sou devota do chá de camomila com maracujá, e ela nunca havia experimentado antes!) e também por razões mais pessoais, como quando começamos a falar sobre nossas famílias e modo de vida. Aliás, eram nos momentos em que conversávamos sobre as questões mais relacionadas à nossa vida privada, como diferentes aspectos de nossas identidades, que acontecia uma aproximação maior entre todas as pessoas do pequeno grupo de discussão em que eu estava inserida. Agora, sempre cumprimento e sorrio para essas pessoas na faculdade. Fiquei muito animada para apresentar minha nova amiga Francesca para Sami quando a vi mais tarde naquela mesma noite. Todas nós nos demos superbem e continuamos a nos ver mesmo depois voltarmos às aulas.

Durante a jornada de travessia da adolescência, você se deparará com uma variedade de situações e circunstâncias que lhe darão a oportunidade de se abrir e se conectar com os outros. Cada conexão que fizer será uma lembrança de que todos nós travamos batalhas internas que fazem parte da nossa condição humana. Quanto mais pudermos praticar a compaixão, seja em relação a nós mesmos ou aos outros, mais conseguiremos aliviar parte do sofrimento inerente a todas as vidas.

Ligue os Pontos

Quando falamos de intensificar os nossos sentimentos de autoestima, a autocompaixão surge como um verdadeiro divisor de águas. Nos momentos em que precisamos enfrentar tempos difíceis ou simplesmente precisamos nos recuperar de algum tropeço, tratar-nos com compreensão e gentileza permitirá nos abrir mais para a vida e facilitará o desenvolvimento de conexões com os outros. É muito comum nos sentirmos sozinhos, isolados e distantes das pessoas quando não praticamos a autocompaixão. Se você concede à sua falha (e todos nós falhamos!) uma dose de autocompaixão (ou seja, "Eu não sou diferente das outras pessoas" e "Isso faz parte da experiência de todo mundo") em vez de autocrítica (isto é, "Eu sou a pior pessoa" ou "Eu não sirvo para nada"), então, ao longo do tempo, os sentimentos de autoestima permanecerão muito mais estáveis porque você foi gentil consigo mesmo e se analisou de uma forma positiva.

capítulo 5

Atenção Plena e a Mente do Macaco

Enquanto buscamos uma sensação de bem-estar no momento *presente*, a tendência da nossa mente é sobrevoar por todas as possibilidades de lugares, exceto esta, do *aqui* e *agora*. Normalmente, ruminamos o nosso passado ou nos preocupamos e planejamos o nosso futuro. Por isso, praticar regularmente o *mindfulness*, ou atenção plena em português, criará um hábito de atenção na sua rotina. E incorporar essa prática mudará nosso relacionamento com nossa mente, com nossos pensamentos e com nós mesmos. Mas qual é a importância disso na nossa vida? Quando nossas crenças negativas são acionadas, somos instantaneamente transportados de volta no tempo. Isso significa que nossas percepções se tornam limitadas por uma experiência do passado. Nossa capacidade de julgar a situação atual é alterada; nossa reação é involuntária e geralmente acontece antes mesmo de termos a chance de pensar sobre ela. Não julgamos mais a situação atual — nossa mente apenas usa informações antigas para chegar a uma conclusão, e nossa visão sobre o presente torna-se distorcida.

Este capítulo explicará o papel fundamental do mindfulness como parte do processo de autoaceitação. Ao ater-se à experiência do presente, essa prática previne que você acesse aquelas mesmas reações a experiências passadas que costumam ser ativadas quando as suas crenças negativas sobre si mesmo emergiam na superfície da consciência. Seus pensamentos podem ser uma terrível distração para a sua experiência presente. Desse modo, o mindfulness pode ajudá-lo a criar um novo relacionamento com seus pensamentos e mantê-lo presente em suas experiências.

Mindfulness e Padrões de Pensamento

Consegue se imaginar permitindo novas informações entrarem na sua mente, observando esse processo com aceitação em vez de medo e respondendo com uma intenção precisa em vez de um comportamento vicioso vinculado às suas crenças negativas? Essa é a diferença entre nossa maneira usual de fazer algo e a abordagem de mindfulness.

É provável que já tenha ouvido falar sobre mindfulness, ou talvez tenha experimentado a prática em alguma escola ou em um ambiente recreativo. Foi provado que essa é uma abordagem eficaz para combater uma variedade de condições, como ansiedade, depressão, distúrbios alimentares, TEPT, entre outras. Tais pesquisas apoiam também o uso de práticas de mindfulness e meditação em vista do aumento da saúde e bem-estar. No entanto, muitos veem nisso um desafio — não é incomum ouvirmos "não sou bom nisso", "isso não é para mim", "não consigo parar de pensar nas coisas" e assim por diante. Se você se identificou com alguma dessas afirmações, não está só. Essas são experiências reais e válidas. Todos nós somos desafiados pela ideia de viver no momento presente e realmente sentir o que acontece no agora.

* kelly * No semestre passado, um dos meus professores fez uma parceria com o departamento de serviços de aconselhamento da universidade para trazer mais bem-estar e reflexão ao curso.

Um dia, um dos psicólogos da escola entrou na sala para falar conosco sobre bem-estar na faculdade. Ele começou a sessão ao pedir que identificássemos as fontes de estresse em nossas vidas e, em seguida, que listássemos as estratégias que usamos para administrar o estresse e cuidar de nós mesmos. Então, ele introduziu o mindfulness e a meditação como formas de cuidarmos de nós mesmos e priorizarmos nosso bem-estar. O psicólogo explicou que mindfulness significa prestar atenção de uma maneira particular e trazer propósito à prática. A meditação é uma maneira de melhorar o mindfulness — uma forma de mudar nosso relacionamento com nossos pensamentos. Então, chegou a nossa vez de tentar meditar por um minuto, sentados em nossas carteiras. Para ser honesta, parecia um pouco estranho e forçado meditar em um ambiente de sala de aula. Ainda assim, durante aquele minuto, fiz o possível para me conscientizar do momento presente e senti que isso era algo que eu estaria disposta a experimentar novamente.

Antes de prosseguirmos, explicaremos o mindfulness. Basicamente, é uma atividade que busca conscientizá-lo do momento presente, enquanto reconhece e aceita seus pensamentos, emoções e sensações corporais *sem* julgamento. Isso pode soar fácil (ou não), mas muitas vezes não estamos presentes no aqui e agora. Por exemplo, já esteve em uma sala de aula ou em outro ambiente de grupo em que o professor, treinador ou líder faz uma chamada com os nomes dos alunos da classe para ver quem está presente? Então seu nome é chamado, você responde "Aqui", mas, na verdade, está presente apenas fisicamente — e sua mente gera apenas pensamentos sobre o que quer comer no almoço, o filme que estreará no fim de semana ou o que comprará para a sua melhor amiga no aniversário dela. Sua mente é uma máquina de pensamentos ininterrupta que nunca pode ser desligada.

Compreender como você se relaciona com sua mente e os pensamentos que gera é importante para adotar uma prática de mindfulness. Normalmente, a maioria dos pensamentos não passa de ruminações sobre o passado ou preocupações com o futuro. Talvez não acredite que isso seja válido no seu caso. Um de nossos exercícios favoritos para testar a veracidade dessa afirmação é o exercício das três tigelas (de Randy J. Paterson, PhD, em seu livro *How to Be Miserable* [sem publicação no Brasil]).

Experimente isso!

1. Posicione três tigelas diante de você, em fila.
2. Use fichas pautadas ou pequenos pedaços de papel para escrever cada pensamento conforme surgem em sua mente. Use a tigela direita para os pensamentos sobre o futuro, a esquerda para os pensamentos sobre o passado e a do meio para os pensamentos sobre o presente.

Passe pelo menos quinze minutos neste exercício. À medida que sua mente gerar um pensamento, anote-o e coloque-o na tigela apropriada. Faça isso para cada pensamento. Depois de quinze minutos, pode parar. Agora olhe para as tigelas. Se for como a maioria de nós, a tigela no centro terá o menor número de fichas ou pedaços de papel. Isso é normal, não se julgue. É a tendência natural da nossa mente. É por isso que o mindfulness pode ser ou é tão desafiador.

* kelly * Esse exercício foi especialmente desafiador para mim. A tigela no centro tinha poucos papéis. A maioria deles estava na tigela do futuro. No momento, meu foco está na carreira que desejo seguir depois da faculdade e em como me preparar melhor para conseguir um emprego. Portanto, faz sentido que meus pensamentos estejam mais focados no que vem a seguir. O que aprendi com esse exercício é que gostaria de canalizar essa energia para o presente. Reconheço que é importante pensar no meu futuro e no que quero dele – uma maneira de atingir meus

objetivos é pensar no que posso fazer no presente para trabalhar em prol do que desejo. Em que posso me concentrar agora que me servirá no futuro? Uma ideia: concentrar-se em trabalhos escolares e buscar oportunidades para explorar interesses acadêmicos de novas maneiras.

Experimente isso! Agora queremos que pegue seus pensamentos da tigela esquerda — seus pensamentos sobre o passado — e vincule cada um desses a uma de suas crenças sobre si mesmo, identificadas no Capítulo 1. Escolha uma ou duas das crenças mais relevantes para você.

Vejamos o que Harry escreveu:

Pensamentos sobre o passado:

1. Por muito tempo, pensei no que as outras pessoas da minha vida queriam em vez de no que eu queria.
2. Deveria ter tirado notas muito melhores no ensino médio.
3. Gostaria de ter passado mais tempo com meus avós antes de falecerem.

Crenças sobre mim:

1. As necessidades dos outros são mais importantes do que as minhas.
2. Não sou bom o suficiente.
3. Não sou uma boa pessoa.

Em seguida, complete o mesmo exercício com os pensamentos da tigela direita.

Harry escreveu o seguinte:

Pensamentos sobre o futuro:

1. *Não sei se algum dia encontrarei uma carreira que me interessa.*
2. *Não sei se algum dia me apaixonarei.*
3. *Temo não atender às expectativas dos meus pais sobre mim.*

Crenças sobre mim:

1. *Sou um fracasso.*
2. *Nunca serei amado.*
3. *Não sou bom o suficiente.*

Percebeu como seus pensamentos sobre seu passado (geralmente ruminações ou arrependimentos) e seus pensamentos sobre o futuro (geralmente preocupações e medos) reforçam as crenças negativas que possui sobre si mesmo? Quanto menos estivermos presentes no momento, mais tempo passaremos no círculo vicioso que reforça essas crenças. Toda vez que nos trazemos de volta ao momento, quebramos esse ciclo.

Talvez você se pergunte se há algo que possa fazer em relação aos seus pensamentos. Se ao menos pudesse impedir sua mente de gerar tantos pensamentos inúteis! Infelizmente, você não pode controlá-la, mas a boa notícia é que pode mudar seu relacionamento com ela. Esse é o poder transformador do mindfulness.

O que isso significa? Quando um pensamento entrar na sua mente, observe-o de maneira curiosa e sem julgamento. Não se apegue a ele ou o tome como uma verdade única. Identifique-o pelo que ele é e deixe-o ir. Se você se apegar a ele, será arrastado de volta ao passado ou puxado para o futuro; não estará mais no presente. Viver no passado ou no futuro gera um estresse desnecessário, uma grande dor emocional e o impede de perceber o que está acontecendo no momento atual.

Vejamos como o seu relacionamento com seus pensamentos já o afetou negativamente.

Experimente isso! Como seus pensamentos o definem? Como influenciam quem você pensa que é? Como guiam suas ações e comportamentos? Pense em pelo menos um exemplo específico e escreva sobre ele em seu diário.

Como você se sente depois de concluir esse exercício? Consegue notar como o apego aos seus pensamentos pode reforçar crenças negativas sobre si mesmo? Consegue reconhecer o poder que concede aos seus pensamentos ao tratá-los como fatos e ao usá-los para reforçar essas crenças e, assim, influenciar seus comportamentos?

kelly Adoro me exercitar – faz com que eu me sinta bem e geralmente funciona como uma boa distração da escola ou dos estresses das amizades. No entanto, sempre me senti intimidada em correr. Tenho essa crença de que não sou boa o suficiente para correr porque não é a minha atividade regular de treino. Então penso na minha mãe, que corre todos os dias. Logo me comparo com ela e acredito que não posso aderir à corrida porque, diferentemente dela, não faço isso todos os dias. Por causa dos meus pensamentos sobre a prática da minha mãe e a minha com o esporte, nutro uma crença que me impede de fazer algo de que eu poderia vir a gostar. Ao fazer essa comparação, não me dou crédito suficiente. A verdade é que, provavelmente, também sou capaz de correr regularmente. (Só não comecei ainda – darei atualizações sobre isso depois.)

O mindfulness nos ajuda a deixar os pensamentos irem embora e a não nos apegar tanto assim a eles. Reconhecer a impermanência de seus pensamentos, emoções e sensações pode ser muito poderoso. Quase parece simples. Mas quando nos sentimos presos, como provavelmente você se sente agora, tudo parece permanente — aqueles pensamentos de "Sou imperfeito" ou então "Não sou digno"; o sentimento de solidão e aquela dor na boca do estômago. Mas a realidade é que, com o tempo, todos os pensamentos, emoções e sensações passam. Eles surgem e vão embora.

Ao nos apegarmos às nossas crenças negativas e aos pensamentos resultantes delas, passamos a acreditar, lá dentro, que somos definidos por elas. Como consequência, nosso eu interior é expresso através de nosso eu exterior. É assim que nossas crenças negativas são reforçadas e continuam a nos causar muita dor. Portanto, devemos desenvolver um relacionamento diferente com nossa mente. Você sabe que sua mente é uma parte sua, mas ela não é você por inteiro. Os pensamentos produzidos por sua mente são baseados em suas experiências. E estão fora de seu controle, embora possa sentir que o controlam. Com o mindfulness, você não se apega aos seus pensamentos. Em vez disso, cria uma distância entre você e eles; torna-se um observador de sua mente. Sua mente faz o que foi projetada e evoluiu para fazer — tenta protegê-lo ao julgar as situações e prever o perigo com base em experiências passadas. Mas nossa mente não é perfeita; ela tende a ser excessivamente cautelosa, e isso pode nos causar problemas, especialmente se nos deparamos com alguma situação ou pessoa que nos desencadeia uma crença negativa.

Já se convenceu de que o mindfulness o ajudará a mudar seu relacionamento com sua mente? Percebe a conexão entre o relacionamento com a sua mente e o grau de sofrimento que sente?

As crenças negativas podem distorcer sua percepção da realidade. Ao permanecer no momento, poderá ver as coisas como realmente são... neste... exato... momento. Nenhuma adivinhação, nenhuma previsão alarmista, nenhum medo de catástrofes.

Ao criar distância entre seu eu e seus pensamentos, você se conectará mais profundamente com o que e com quem está no presente, no seu *aqui e agora*. Quando suas crenças negativas são acionadas, você entra em contato com pensamentos relacionados aos seus medos. Provavelmente, você já experienciou alguns deles com tanta frequência que os memorizou. Outros pensamentos podem ser novos para você, mas provavelmente lhe são familiares, pois vêm da necessidade de se sentir seguro e protegido.

Agora veremos os padrões de pensamento que incentivam um comportamento pouco construtivo e que reforçam suas crenças negativas.

Experimente isso! No Capítulo 2, você identificou situações, domínios e tipos de pessoas que acionam crenças negativas. Ao vivenciar um gatilho, é provável que, em todas as vezes, pensamentos iguais ou semelhantes ocorram. Agora, você se conscientizará deles para que possa se distanciar desses padrões de pensamento. Primeiro, liste situações ou experiências típicas que acionam essas crenças e os pensamentos recorrentes ligados a elas.

Quando terminar, releia sua lista e procure por padrões. Encontrou algum?

Consegue ver como se identificar com seus pensamentos em situações e/ou experiências específicas cria um sofrimento adicional?

Seus pensamentos são apenas pensamentos. Não são quem você é. Mas, muitas vezes, nos perdemos em neles, principalmente quando estão relacionados às nossas crenças negativas. É fácil ver como eles se tornam tão poderosos e dominantes que os tratamos como avaliações factuais de quem somos.

Padrões de Pensamento de Jordan

Vejamos o que Jordan escreveu sobre os padrões de pensamento que ela sente diante de algum gatilho em relação a relacionamentos amorosos:

* *Ele verá alguém que acha que é melhor do que eu.*
* *Ele conhecerá alguém melhor do que eu.*
* *Ele não gosta de mim de verdade.*
* *Acha que sou irritante, e não alguém divertida para se ter por perto.*
* *Tenho defeitos, e ele acha que nenhuma outra garota agiria assim.*
* *Não sou boa o suficiente para ele.*
* *Não mereço ou não consigo manter um relacionamento de longo prazo; se isso acontecer, quem sou de verdade virá à tona.*
* *Se vir alguém que pensa que é mais bonita do que eu, desaparecerei ou minha importância em sua vida diminuirá.*
* *Não quer sair comigo de verdade, mas sente que precisa.*

Ao ler os padrões de pensamentos negativos de Jordan, nota que eles podem levá-la a agir como se fossem verdadeiros? Vejamos o evento desencadeador de Jordan e qual foi sua reação a ele.

Evento desencadeador: *Ethan não respondeu imediatamente à minha mensagem.*

Pensamentos: *Não sou boa o suficiente. Ele não gosta de mim de verdade. Não quer namorar comigo. Provavelmente está com uma garota melhor do que eu.*

Reação comportamental: *Enviei várias mensagens, acusei-o de estar com outra pessoa e de não gostar tanto assim de mim; cancelei os planos que tínhamos para o próximo fim de semana.*

Isto foi o que Jordan escreveu sobre o que realmente aconteceu com Ethan:

A realidade era que ele havia deixado o telefone no carro da mãe, que estava em um jantar do trabalho, então não conseguiu falar com ela. Quando Ethan finalmente pegou o telefone e leu minhas mensagens de texto, ficou chocado e magoado. Tínhamos acabado de começar a namorar e ele gostava de mim. Mas depois das minhas mensagens horríveis, ele disse que não poderia ficar com alguém que lhe diria coisas tão ruins. Então ele terminou comigo. Agora, sinto-me ainda pior comigo mesma, e isso faz com que meus pensamentos negativos pareçam ainda mais verdadeiros.

É fácil ver como o apego a pensamentos negativos pode resultar em uma reação comportamental que pouco ajuda e provavelmente reforça as crenças negativas que Jordan possui sobre si mesma.

Agora concentre-se em como isso seria para você.

Experimente isso! Pegue as informações do exercício anterior e acrescente sua reação comportamental. Em outras palavras, como reagiria se um gatilho seu fosse ativado e se prendesse a seus padrões de pensamento? Entende que, ao ver pensamentos como fatos, você influencia seu comportamento, cria mais problemas ou o faz se sentir pior consigo mesmo?

Qual é a sensação de se conscientizar da conexão entre pensamentos e comportamentos?

É provável que a situação de gatilho, os pensamentos associados a ela e a reação comportamental em consequência aconteçam tão rapidamente, tão automaticamente, que sua consciência sobre o que ocorre no momento presente seja limitada. O objetivo é mudar do piloto automático para a atenção plena — o mindfulness.

Quando puder focar sua experiência atual sem se apegar aos seus pensamentos, você aumentará sua capacidade de fazer uma escolha comportamental consistente com seus valores. Em vez de comportamentos automáticos, é importante pensar quais seriam os comportamentos orientados por valores em resposta a um gatilho (aprofundaremos isso no Capítulo 7). Esses comportamentos úteis substituirão comportamentos improdutivos atuais. Como resultado, seus sentimentos de autovalorização aumentarão.

O Botão de Piloto Automático

Você já deve reconhecer que seu botão de piloto automático é acionado quando se envolve em uma tarefa ou uma atividade familiar ou/e rotineira — pegar o ônibus para a escola, arrumar a cama, escovar os dentes e assim por diante. Você já realizou essas atividades tantas vezes que não as racionaliza tanto quanto o fazia na primeira vez que aconteceram. Consegue identificar algumas atividades que realiza sem realmente pensar nas ações por trás delas?

* **kelly** * Quando comecei a dirigir, eu prestava muita atenção em cada decisão que tomava. Entrava no carro, verificava se tudo estava ajustado corretamente e me concentrava intensamente na tarefa de dirigir até meu destino. Se precisava virar à esquerda dali a dois quarteirões, começava a observar os arredores, usava meus espelhos e olhava pela janela, ligava a seta no momento apropriado e entrava cuidadosamente na rua. Não pensava em outras coisas, como o que poderia acontecer quando chegasse na escola ou voltasse para casa. Dedicava minha atenção integral ao cumprimento da tarefa daquele momento.

Alguns anos depois de tirar minha carteira, já não dirigia de maneira tão intencional. Por exemplo, já devo ter dirigido pelo menos umas cinquenta vezes até a casa da minha melhor amiga Joanna, por isso estou superfamiliarizada com o trajeto – acho que até sei o tempo dos semáforos. Recentemente, quando estacionei em frente à casa dela e desliguei o carro, percebi que, durante todo o tempo até chegar lá, não havia realmente pensado no que estava fazendo. Presumi que conhecia as direções tão bem que nem me concentrei em dirigir. Não conseguia nem lembrar o que tinha pensado em vez de me concentrar naquela ação. Isso me deixou nervosa – e se algo incomum tivesse acontecido? Fiquei grata, é claro, por ter chegado lá em segurança. Mas resolvi que, quando voltasse para casa, me concentraria na rua.

Agora, consegue pensar em experiências recentes em que realmente precisou se concentrar para concluir alguma tarefa ou atividade? Talvez ao aprender um novo jogo ou esporte, passar um tempo com alguém diferente ou visitar um lugar onde nunca havia estado antes. Essas experiências mais novas ou inéditas exigem que você concentre mais energia no momento. Suas memórias sobre essa experiência serão mais poderosas. Com isso, poderá se sentir mais engajado nela.

* kelly * Recentemente, minha grande amiga Erin me apresentou a uma amiga de quem eu apenas tinha ouvido falar, mas que ainda não a conhecia. Para mim, é tão fácil entrar em rotinas nas quais passo o tempo todo com as mesmas pessoas (que amo – não me interpretem mal!) e não buscar coisas diferentes. Então estava animada para conhecer alguém diferente e me abrir para a oportunidade de desenvolver uma nova amizade. Quando me encontrei com a garota para almoçar, percebi que não poderia agir dentro daquele padrão de encontro rotineiro com algum amigo próximo. Afinal, ela não me conhecia, e eu precisava fazer um esforço para gerar uma conexão entre nós. Voltei, então, todo o meu foco para essa interação. Não pensei no meu telefone que vibrava ou na minha próxima prova de espanhol. Foi muito divertido passar esse tempo com alguém sem pensar em outras coisas. Adorei!

Práticas de Mindfulness

Praticar a atenção plena o treinará para libertar seus pensamentos. Quer traga um sorriso ou uma careta ao seu rosto, esse será um pensamento livre — você não se apegará à existência dele. Talvez se pergunte por que não se apegar a um pensamento que o faz se sentir bem. Embora pareça uma experiência agradável, o problema é que você se apegará com a mesma facilidade a um pensamento que o fará se sentir mal, especialmente quando uma de suas crenças negativas for acionada. Portanto, a pratique o não se apegar a nenhum tipo de pensamento.

Agora, queremos apresentá-lo a alguns exercícios de atenção plena que o ajudarão no treinamento para trazer sua consciência ao momento presente. Lembre-se, isso não é fácil e requer prática, então não se julgue se demorar muito mais do que havia imaginado.

Experimente isso! Este exercício é um passo na direção de poder observar sua situação atual como ela é, sem que suas crenças negativas a distorçam. Isso lhe permitirá dar aos seus pensamentos e sentimentos o espaço que lhes cabe e vê-los pelo que são – experiências temporárias que não demandam uma reação comportamental. Leia o exercício primeiro para se familiarizar com ele e depois experimente. (Você também pode encontrar uma gravação deste exercício em www.kellyskeen.com [conteúdo em inglês e de responsabilidade das autoras].)

Feche os olhos e respire fundo... note a experiência de respirar. Note, talvez, a sensação de frescor quando a respiração passa pela parte de trás do nariz ou desce por trás da garganta... Note a sensação da expansão de suas costelas, o ar que entra em seus pulmões... E perceba seu diafragma expandindo com o fôlego, e a sensação de liberação ao expirar. Apenas continue atento à sua própria respiração, permitindo sua atenção se mover junto com o ar que flui... para dentro e para fora... para dentro e para fora. Ao respirar, você notará outras experiências. Esteja ciente dos pensamentos; quando um pensamento surgir, apenas diga a si mesmo: "Pensamento." Apenas o rotule pelo que ele é: pensamento. Ao perceber uma sensação, seja ela qual for, apenas diga a si mesmo: "Sensação." Apenas a rotule pelo que ela é: sensação. Se notar uma emoção, apenas diga para si mesmo: "Emoção." Apenas a rotule pelo que ela é: emoção. Tente não se apegar a nenhuma experiência. Basta rotulá-la e liberá-la. Aguarde pela próxima experiência. Você está apenas observando sua mente e corpo, rotulando pensamentos, sensações e emoções. Se algo parecer doloroso, apenas observe a dor e permaneça aberto para a próxima coisa que surgir. Note cada experiência, seja ela qual for, rotulando-a e deixando-a ir embora, para estar aberto ao que virá em sequência.

Deixe tudo isso acontecer enquanto nota: pensamentos... sensações... emoções. São apenas nuvens que passam e você é o céu. Apenas um tempo passageiro... para assistir... e rotular... e liberar.

Medite silenciosamente por mais dois minutos e termine abrindo os olhos e voltando sua atenção para o que estiver ao redor.

Incentivamos que faça esse exercício de foco consciente uma vez por dia para que se sinta confortável em observar sua experiência interior sem se envolver em uma reação comportamental. Ao estar atento e permanecer consciente do fluxo de sua experiência atual, você se distanciará de experiências passadas, o que lhe permitirá responder com flexibilidade a cada situação em vez de ver cada gatilho da mesma maneira e reagir com o mesmo estilo de comunicação e comportamento desnecessários. Observe sua experiência atual e a dor emocional que a acompanha sem julgá-la ou tentar interrompê-la ou, quem sabe, evitar o que está acontecendo com você no momento. Com essa distância, você poderá mostrar curiosidade e permanecer aberto quanto à experiência atual. E poderá também vislumbrar outras opções comportamentais. Ainda poderá ter os mesmos pensamentos, sensações e emoções, mas responderá a eles de maneira diferente.

Traga Mais Atenção para Suas Experiências do Presente

As atividades de mindfulness o ajudarão a permanecer no momento presente junto a sua experiência sensorial. O mindfulness — a capacidade de observar cada instante — não se trata apenas de observar a experiência interior; é algo que você pode aprender por meio de atividades cotidianas. Em vez de fazê-las em de modo automático como o habitual, execute-as com total consciência. Quando os pensamentos surgirem, e surgirão, anote-os e volte sua atenção para os cinco sentidos.

Veja algumas sugestões para atividades de mindfulness. Adicione suas favoritas à lista.

Beber e comer de maneira consciente. Adoramos realizar essa atividade quando tomamos uma xícara de café ou chá matinal, mas você poderá realizá-la a qualquer momento. Enquanto saboreia sua bebida favorita, dê atenção ao líquido em sua boca, à temperatura, ao cheiro, ao sabor, às sensações na garganta e no estômago à medida que o líquido desce, ao peso e à temperatura do copo. Conscientize-se de todos os aspectos de sua experiência.

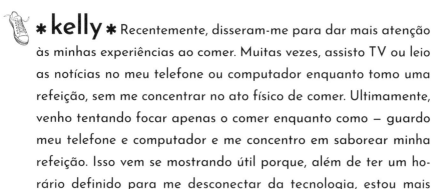 *** kelly *** Recentemente, disseram-me para dar mais atenção às minhas experiências ao comer. Muitas vezes, assisto TV ou leio as notícias no meu telefone ou computador enquanto tomo uma refeição, sem me concentrar no ato físico de comer. Ultimamente, venho tentando focar apenas o comer enquanto como – guardo meu telefone e computador e me concentro em saborear minha refeição. Isso vem se mostrando útil porque, além de ter um horário definido para me desconectar da tecnologia, estou mais ciente do que e de quanto como.

Banho ou ducha consciente. Essa é uma ótima atividade, porque todo o seu corpo permanece exposto a todas as sensações. Observe a temperatura da água, as sensações quando encontra a sua pele, a textura do sabonete ou das bolhas contra sua pele, o cheiro do sabonete, o barulho da água. Esteja consciente de todos os aspectos de sua experiência.

Caminhada ou corrida consciente. Adoramos essa atividade consciente, porque há muitas coisas para se estar consciente: a pressão em seus pés quando encontram a calçada, o som de sua respiração, o cheiro do ar livre, os sons que ouve ao passar por pessoas ou quando carros passam por você, a sensação em seus braços e mãos conforme os move. Esteja consciente de todas essas experiências sensoriais.

O objetivo das atividades de atenção plena é permanecer com sua experiência sensorial. Não lute contra os seus pensamentos quando esses surgirem — apenas os reconheça e volte sua atenção para os seus cinco sentidos.

Fazer uma ou mais atividades de atenção plena todos os dias fortalece a habilidade de auto-observação. Isso o treinará para perceber sua experiência momento a momento e a aceitá-la como ela é, sem julgamento. Essas atividades não precisam levar muito tempo. Devem ser breves oportunidades para a prática de estar presente no aqui e agora.

Veja algumas outras atividades de atenção plena: montar quebra-cabeças, pintar por números ou colorir com lápis de cor, canetinhas ou giz de cera. Uma amiga usa o bordado como atividade de atenção plena, e o tricô é outra atividade popular para esse fim. Escolha algo de que goste porque, desse modo, você desejará praticar essa atividade com mais frequência.

* kelly * Durante as férias de inverno, eu estava em casa e vi minha mãe focar o quebra-cabeças como uma atividade de atenção plena. No começo, fiquei intimidada em tentar porque parecia difícil e não tinha certeza se conseguiria me concentrar nisso por um longo período sem desistir. Então minha melhor amiga, Joanna, e eu encontramos um quebra-cabeças na casa dela e demos uma chance. Adorei — consegui descartar pensamentos estressantes que pesavam sobre mim e me concentrar na atividade presente. Além disso, sentimo-nos tão bem-sucedidas e orgulhosas de nós mesmas quando o concluímos! Até postei uma foto dele pronto no meu Instagram.

O Papel da Gratidão

Ao ter dificuldades e se sentir consumido por seus problemas e sua dolorosa experiência emocional, é difícil dar atenção ao que é bom na sua vida. O que você aprecia? Pelo que é grato? Talvez isso soe como uma dessas estratégias ridículas de autoajuda para fazer com que você se sinta bem. Mas há muitas evidências que apoiam o papel positivo da gratidão — ainda mais se estiver preso em um lugar onde parece que tudo está errado.

* **kelly** * Recentemente, no trabalho, conversei com um de meus colegas que hoje considero um amigo. Ele parecia muito chateado, e era difícil até mesmo manter uma conversa casual. Então o chamei em um canto e perguntei como ele se sentia. O problema é que ele havia terminado recentemente com o namorado. Quando começou a falar sobre isso, percebi que ele estava supersaturado e magoado. Ele me disse que tudo estava ruim, que estava muito infeliz e assim por diante. Eu me compadeci com sua dor. Mas depois perguntei como foram as férias de inverno com a família. Ele disse que foram ótimas. Perguntei-lhe como estavam seus amigos. Ele respondeu que tem sido ótimo estar de volta à escola e passar um tempo com eles, de quem sentiu falta nas férias. Perguntei como sua ia procura por emprego, e ele disse que havia acabado de aceitar um cargo para o qual estava muito animado. Continuamos a conversar sobre todas as grandes coisas que estavam acontecendo na vida dele, e o lembrei de tudo pelo que deveria ser grato. Na última vez em que senti que um aspecto da minha vida estava afetando a maneira como me sinto em relação a tudo de forma negativa, pensei nessa interação e isso me lembrou de que, em um momento difícil, devo refletir sobre todas as coisas incríveis da minha vida!

A gratidão é um antidepressivo natural. Conscientizar-nos daquilo que somos gratos aumenta a produção de dopamina e serotonina. É uma maneira natural de obter alguns dos mesmos efeitos que certos medicamentos prescritos fornecem — sem os efeitos colaterais. Quanto mais praticar a gratidão, mais ativará os circuitos neurais e mais fortes se tornarão os caminhos neurais. Aquilo em que prestamos atenção cresce. Isso significa lutar contra o nosso viés natural de negatividade e desviar nossa atenção para procurar o que dá certo. Com o tempo, conseguimos treinar nosso cérebro para procurar pelas coisas mais positivas em vez de sempre procurar por problemas ou pelo que está errado. Além disso, outro benefício de praticar a gratidão é que isso traz mais a nossa atenção para o momento presente.

Experimente isso! Focar o momento, bem como os aspectos positivos da sua vida e do seu dia, produz benefícios a curto e longo prazo e aumentam sua sensação de bem-estar.

Complete o seguinte exercício todos os dias. Escreva como lhe for confortável. Use declarações como estímulos para a gratidão diária.

Talvez você escreva as mesmas coisas por vários dias. Isso é bom. Não precisará escrever algo diferente a cada dia. Mas tente atentar até mesmo às pequenas coisas que fazem uma grande diferença no seu dia. Ao se concentrar no positivo, você desviará sua atenção do que tende a reforçar crenças negativas e se voltará para pessoas e eventos que o fazem se sentir melhor e aprimoram sua vida.

 ✱ **kelly** ✱ Eis aqui o que escrevi:

#1

Sou grata por: Minha família ser unida e sempre me apoiar.

Meu papel nisso é: Esforçar-me para fortalecer meu relacionamento com meus irmãos, minha mãe e meu pai.

Quando penso nisso, sinto-me: Contente agora e entusiasmada com o que nos espera como família.

#2

Sou grata por: Meu corpo — a capacidade de me exercitar, mover e suar.

Meu papel nisso é: Cuidar do meu corpo — dormir, comer bem — para que possa fazer todas as coisas incríveis que ele faz.

Quando penso nisso, sinto-me: Orgulhosa do que posso realizar.

#3

Sou grata por: Minha educação.

Meu papel nisso é: Trabalhar duro e aproveitar as oportunidades que me foram dadas.

Quando penso nisso, sinto-me: Sortuda por tudo a que tenho acesso como estudante universitária e pessoa instruída.

Preciso confessar que adoro exercícios de gratidão. Em dias desafiadores, acordo e penso em algo que tenho muito orgulho em mim, algo em que sou muito boa e como isso pode me servir hoje. Isso me ajuda a começar meu dia com um tom positivo e produtivo.

Pedimos que você se conscientizasse por algum tempo de suas crenças negativas e dos comportamentos que muitas vezes as reforçam para que pudesse entender melhor seus obstáculos em um esforço para superá-los. Neste momento, talvez você sinta que focou mais aspectos ou influências negativas em sua vida, como certas pessoas. Então dedicaremos um tempo para conscientizá-lo das pessoas, do passado e do presente, que influenciam positivamente sua vida. Alguém a quem você nunca agradeceu, ou alguém que deseja agradecer com mais detalhes, ou alguém que vê todos os dias. Você não precisa enviar a carta. Pesquisas indicam que apenas o processo de escrevê-la já aumenta sua sensação de bem-estar.

Experimente isso!
Escreva uma carta de agradecimento a alguém que trouxe alegria à sua vida. Depois de escrevê-la, reflita sobre o processo e registre essa experiência em seu diário. Escrever fez você se sentir melhor?

* kelly * No final do ano letivo, senti-me muito grata por uma amiga em particular, então decidi lhe escrever uma carta para expressar o quanto a aprecio como pessoa e também pela nossa amizade. Poderia facilmente ter enviado minha carta como uma mensagem de texto ou pelo Facebook, mas queria enviá-la pelo correio — parecia mais especial enviá-la à moda antiga. Arranjei papel de carta, encontrei uma bela caneta e escrevi livremente sobre nosso relacionamento e nossas ótimas lembranças juntas. Isso fez com que eu me sentisse tão feliz! Fez com que me sentisse ainda mais grata por ela. Fiquei até empolgada para endereçar o envelope e levá-lo até a caixa de correio. O processo fez com que me sentisse super em contato com minhas emoções e meu estado de ser.

Ligue os Pontos

O mindfulness, como a autocompaixão, é um divisor de águas. Quando puder permanecer no momento presente com sua experiência e observar seus pensamentos, emoções e sensações corporais sem julgamento, será mais capaz de aceitar sua vida pelo que ela é. Isso lhe permitirá fazer escolhas comportamentais consistentes com seus valores, em vez de se envolver em reações comportamentais involuntárias que reforçam crenças negativas. E a prática da atenção plena o ajudará a se livrar de pensamentos de arrependimento sobre o passado ou de medo e preocupação sobre o futuro. Sem essas distrações, você poderá se conscientizar mais daquilo que é grato em sua vida.

No próximo capítulo, examinaremos mais de perto nossas emoções, especificamente nossa relação com elas e de que modo — se permitirmos — elas podem influenciar negativamente o nosso comportamento e, assim, reforçar algumas de nossas crenças negativas.

capítulo 6

Emoções e o "Eu" no Olho do Furacão

Emoções são uma força poderosa capaz de alimentar nossos pensamentos e comportamentos. Conforme crescemos, normalmente somos orientados sobre o caráter das emoções — quais são aceitáveis e quais não são. Todos nós temos nossas opiniões sobre as emoções — na maior parte das vezes as categorizamos em termos de emoções boas ou ruins. Ou achamos algumas emoções mais toleráveis do que outras. Sobre esse ponto, já viu o filme de animação de 2015, *Divertida mente*? O filme realiza um ótimo trabalho ao apresentar a importância de todas as emoções. Para simplificar e por conta das limitações de tempo, os cineastas escolheram trabalhar com apenas cinco: raiva, tristeza, alegria, medo e nojo. Quando abordamos nossas crenças negativas sobre nós mesmos, certamente podemos identificar o medo como uma emoção primária. Medo de que os outros vejam nossos defeitos, medo de rejeição, medo de falhar e medo de não ser bom o suficiente. Nossas emoções nos guiam em nossas interações com os outros, bem como orientam a maneira como perceberemos situações atuais e passadas que vivenciamos. Isso significa que nossa percepção pode ser intensificada ou distorcida pela emoção que se apresenta no momento da visualização. E quando nossas crenças negativas são acionadas, nossas emoções assumem o controle das decisões e sequestram nossa mente. Isso é chamado de sequestro da amígdala. A amígdala está localizada na "sede" do cérebro e é mais ativa nos adolescentes porque, durante essa fase, o córtex pré-frontal ainda está em desenvolvimento. Isso explica por que os adolescentes tendem a ser mais emocionais durante essa etapa da vida.

Crenças negativas sobre nós mesmo e imperfeições muitas vezes nos levam a esconder ou a rejeitar aqueles lados que não queremos que os outros conheçam ou que fazem com que nos sintamos pior. Nesse sentido, o que tentamos esconder ou rejeitar também inclui emoções. Isso, em parte, explica por que é difícil tolerar algumas delas. Muitas vezes, somos desencorajados a nos expressar completamente e somos até mesmo oprimidos se o fazemos. Alguns de nós, por exemplo, têm pais que não são emocionalmente expressivos. Isso geralmente significa que nunca aprendemos realmente como identificar, processar e expressar emoções de maneira saudável e produtiva. Podemos, inclusive, internalizar a rejeição a elas como uma rejeição a nós mesmos. Nossos sentimentos são ruins, concluímos, e isso nos torna ruins; quando ouvimos que eles não importam, é claro que isso faz com que sintamos que também *não importamos*. Ao rejeitar algumas das nossas partes emocionais, muitas vezes nos sentimos vazios e sem os recursos necessários para lidar com a dor emocional.

Este capítulo explicará o poder das emoções — especialmente as negativas, que resultam de eventos, pessoas e situações que acionam nossas crenças. Ter uma maior compreensão do que acontece com nossas emoções no momento e saber tolerar o desconforto facilita para que consigamos agir de maneira mais conectada com os nossos valores.

* **kelly** * Uma emoção que acho particularmente difícil de lidar é o estresse. Quando estou estressada com algo em particular — um trabalho escolar, uma prova ou um problema com alguém da minha família ou com um amigo — é difícil compartimentalizar esse sentimento. Sinto que meu estresse afeta todas as outras partes da minha vida. Também fico envergonhada em admitir que me sinto tão estressada e sobrecarregada quando sei que meus amigos e colegas também lidam com os próprios compromissos escolares. Nessas horas, pode parecer que administram o próprio estresse de maneira razoável ou, pelo menos, melhor do que eu.

Administrar as emoções poderosas que são geradas por experiências--gatilho negativas é extremamente desafiador. Quando crenças negativas são acionadas, nosso corpo reage à ameaça a partir da criação de um forte impulso de ação — alguma atitude deve ser tomada para que possamos nos libertar dessas crenças. A ansiedade que nos toma serve a uma função de sobrevivência do corpo — quando nos deparamos com uma ameaça ou situação perigosa, entramos em um modo de luta, fuga ou congelamento. Quando crenças negativas são acionadas, geralmente experienciamos um alto nível de ansiedade — o que, por sua vez, ativa o medo. Por mais que sintamos frequentemente a ansiedade e o medo juntos no mesmo pacote, essas são duas emoções distintas. A ansiedade nos prepara para o que pode acontecer no futuro, ao passo que o medo é uma reação a uma ameaça ou perigo imediato. As sensações físicas provavelmente serão familiares — a frequência cardíaca aumenta; pés e mãos ficam frios, dormentes ou formigam; a respiração fica mais rápida e custosa; sentimos que não conseguimos recuperar o fôlego, como se alguém estivesse sentado em nosso peito; a boca pode ficar seca; ou sentimos que vamos vomitar. Queremos agir imediatamente para nos livrar da ameaça e das emoções e sensações desconfortáveis.

Em algumas situações, e certamente ao longo da história da humanidade, agir de acordo com esse impulso envolve uma adaptação. É como enfrentar um leão — é matar ou ser morto. Um exemplo moderno que espelha essa situação pode ser a atitude de desviar bruscamente para evitar bater em um veículo que vem em nossa direção. Mas as emoções que vivemos quando nossas crenças negativas são acionadas parecem intoleráveis, e sentimos como se precisássemos reagir rapidamente para eliminar a ameaça, porque, mesmo que não seja verdade, nossa vida parece estar ameaçada.

A Nevasca Emocional

Conscientizar-nos dessas emoções intoleráveis e entender a função delas é um passo importante para aprendermos a lidar com elas. Precisamos de todas essas emoções para viver a vida plenamente. Por isso, é necessário aprendermos a lidar com elas. Embora nossas emoções possam nos fazer sentir mal às vezes, elas não são o problema. Nosso comportamento em resposta a elas é o que cria conflitos. Quando crenças negativas são acionadas, cria-se uma tempestade emocional que parece avassaladora. Esse fenômeno geralmente causa uma cegueira em relação a tudo o mais que acontece ao nosso redor. Imagine a paisagem branca durante uma nevasca, quando não conseguimos ver nada devido ao vento e à neve. Você provavelmente já viu imagens nos noticiários de casos em que as pessoas continuaram a dirigir apesar da baixa visibilidade — os carros saem da estrada, há engavetamentos. A mesma coisa acontece figurativamente quando somos cegados por nossas emoções.

Uma nevasca emocional ocorre quando nossas crenças negativas são acionadas e somos inundados por emoções e pelos respectivos pensamentos e sensações — não conseguimos enxergar a situação atual. Ao mesmo tempo, queremos reagir rapidamente, como se ela fosse uma ameaça que precisamos eliminar. Infelizmente, estamos temporariamente cegos para o que acontece no presente. Nossa reação comportamental à experiência emocional avassaladora geralmente não será de muita ajuda. E frequentemente é isso o que faz com que nos sintamos ainda pior sobre nós mesmos.

Cary e a Experiência Dela

Vejamos a história de Cary, que exemplifica um mau manejo de nossas emoções.

Cary morou com uma de suas amigas mais próximas, Antônia, durante o primeiro ano de faculdade. Quando passou para o segundo ano, quando deixaram de morar juntas, o relacionamento entre elas e a frequência de suas interações havia mudado. Foi um verdadeiro desafio para Cary expressar suas necessidades e emoções quando sentiu que já não passava tanto tempo com Antônia quanto precisava. Segue uma lista de experiências após um período em que ela sentiu que a amiga estava ocupada demais para encontrá-la.

* Chateada porque faz semanas que não passamos um tempo juntas
* Sensação de não estarmos mais tão conectadas e próximas
* Triste por ela não ter feito um esforço maior para me ver quando estava ocupada
* Desejo que tenhamos momentos melhores, mas não sei como trazê-los de volta
* Sinto-me sozinha

Cary não havia expressado totalmente nenhum desses sentimentos para Antônia. Claramente, sua frustração e uma gama de emoções se acumularam. Com isso, a crença negativa de que não era boa o suficiente veio à tona. Por fim, ela e Antônia planejaram um programa juntas — além de apenas se verem de passagem no campus. Naquela noite, planejaram ir ao cinema e experimentar um novo restaurante, mas Antônia precisou fazer alguns trabalhos de última hora para uma tarefa de uma de suas aulas. Cary sentiu que isso era mais um sinal de que, para a amiga, tudo e todos tinham prioridade sobre ela e a amizade das duas. Sua tempestade emocional crescia sem parar. Assim que viu Antônia, foi arrebatada por essa emoção — a nevasca havia chegado! Não conseguia ver ou ouvir nada do que acontecia no momento presente. Na época, não reconheceu o que acontecia. Atacou Antônia. Disse como ela era horrível e que não queria mais ser sua amiga. Bastou apenas alguns minutos para que a amizade das duas acabasse. Naquele momento, ela se sentiu melhor por liberar todas as emoções dolorosas que experienciava. Antônia ficou atordoada e muito chateada. De perspectiva dela, quase se perguntou se Cary estava drogada ou com alguma substância que alterava a mente, porque ela não estava agindo como a amiga que conhecia tão bem. Antônia tentou argumentar, mas foi impossível dialogar com a amiga.

Na manhã seguinte, a tempestade emocional passou, e Cary voltou a enxergar claramente. Então, escreveu o seguinte:

- ✽ Sinto-me terrível (sempre me sinto assim depois de uma crise)
- ✽ Arrependida do que eu disse para Antônia
- ✽ Minha incapacidade de me comunicar direito sempre faz com que eu me sinta um fracasso
- ✽ Queria poder retirar tudo o que eu disse
- ✽ Quero recuar e me esconder; é difícil encará-la ou até mesmo falar com ela
- ✽ Não ter nenhuma explicação racional para meu comportamento faz com que eu me sinta limitada
- ✽ Sinto-me tão sozinha. Só quero ficar na cama
- ✽ Sinto muita vergonha de ter me comportado tão mal

Talvez você tenha tido uma experiência semelhante. Sua reação a uma pessoa ou evento já foi desproporcional? Já sentiu que exagerou? Todos nós fazemos isso uma vez ou outra! Isso acontece quando não estamos conscientes das nossas experiências no momento em que elas acontecem. Como leu nas notas que Cary escreveu sobre a experiência, isso a deixou pior *e* reforçou as crenças negativas que possuía.

Experimente isso! Depois de ler sobre Cary, consegue racionalizar pelo menos uma experiência que tenha gerado uma nevasca emocional como a que acabamos de descrever? Houve situações que levaram ao evento desencadeador ou ele aconteceu do nada? Quais eram seus pensamentos e emoções? Como você reagiu? Quais foram as consequências? Como se sentiu no dia seguinte, depois que a nevasca emocional passou? Registre a experiência em seu diário.

Reagir rapidamente a uma situação ou pessoa-gatilho é uma resposta inata que ocorre para nos ajudar a lidar com uma ameaça e com emoções dolorosas que a precedem. Funciona a curto prazo, mas geralmente tem consequências duradoras. Consegue identificar os benefícios a curto prazo (ou seja, a liberação de emoções dolorosas) e as consequências duradouras (ou seja, machucar os outros, prejudicar os relacionamentos) de um comportamento emocionalmente descontrolado?

Evitar Gatilhos como uma Estratégia para Lidar com Crenças Negativas

Outra estratégia para livrar-se das emoções dolorosas é tentar evitá-las. A maneira como vemos um problema, uma dificuldade ou um desafio pode ser muito influenciada pelo modo como nos encaramos. Talvez culpemos nossas falhas ou imperfeições imediatamente. Talvez tenhamos pensamentos como "se não tivesse falhado dessa forma, não teria tido esse problema". Note como certos desafios ou adversidades desencadearão crenças negativas. Muitas vezes, isso nos leva a evitar situações que possam desencadeá-las. Com o tempo, evitamos uma área inteira da nossa vida, porque, toda vez que somos expostos a ela, nos sentimos mal. Consegue pensar em situações, lugares ou pessoas que você evita porque eles tendem a fazer com que se sinta mal consigo mesmo? Use seu diário para registrar sua resposta.

* kelly * Quando eu era mais nova, gostava de jogar no time de vôlei da minha escola. Era muito bom vestir o uniforme, aprender um novo esporte, conhecer as meninas do meu time e ficar animada e entusiasmada para os jogos. Depois de algum tempo, no entanto, comecei a sentir que minhas habilidades não progrediam tanto quanto as de algumas de minhas companheiras de equipe. Todas nós começamos como iniciantes, mas algumas garotas agora jogavam excepcionalmente bem — conseguiam fazer todos os saques por cima e acertavam a bola constantemente. Eu ainda estava descobrindo como fazer isso e me sentia estranha e inferior por não conseguir jogar tão bem quanto elas. Então continuei no time, mas estava desanimada. Procurava desculpas para não fazer certos exercícios no treino (porque achava que não conseguiria fazê-los direito). Escolhia ficar no banco durante um jogo e encorajava outras a ocuparem meu lugar. Um dia, torci o joelho no treino. Embora tenha doído por vários dias, decidi tirar algumas semanas de descanso. Ao fazer isso, evitaria que me sentisse estranha durante o treino. Podia simplesmente evitar o vôlei e nem precisaria admitir para todo mundo que não queria mais praticar o esporte porque, na verdade, me sentia mal comigo mesma.

No Capítulo 2, você identificou comportamentos que o ajudam a lidar com a sensação inadequação, falta de valor e limitação. Digamos que também tenha identificado o ato de evitar gatilhos como um dos comportamentos a que recorre para se sentir melhor. Depois disso, no Capítulo 3, identificou virtudes — o que realmente importa para você. Ao fazer isso, talvez tenha reconhecido o impacto negativo que evitar gatilhos tem na sua vida — como isso o impede de alcançar a vida que deseja levar, alinhada com seus valores. A curto prazo, pode parecer melhor ignorar ou evitar um gatilho. Ao deixar de abrir um e-mail, ignorar uma mensagem de texto, perder um prazo ou fugir de uma conversa com alguém, o resultado é o mesmo: você se sentirá melhor no momento, mas o ato de evitar geralmente piora o problema. Por sua vez, isso faz com que você se sinta pior consigo mesmo. Portanto, essas táticas tendem a reforçar suas crenças negativas. Queremos mudá-las. É por isso que nos concentramos nas suas virtudes e em direcionar o seu comportamento para viver a serviço delas, e não a serviço de medos e crenças negativas.

Até agora, falamos sobre as emoções relacionadas às nossas crenças — vergonha, mágoa, tristeza, solidão, raiva e assim por diante. Quando vivemos essas emoções, sentimos dor. É natural desejar nos livrar imediatamente delas. Com o tempo, percebemos que esses esforços causam mais dor e não funcionam. Então, o que *funciona*? A solução é mudar a forma como nos relacionamos com a dor.

No início do capítulo falamos sobre o filme *Divertida mente*. Nesse filme descobrimos que não podemos sentir alegria sem tristeza. Na verdade, todas as nossas emoções, quer as categorizemos como boas ou ruins, desempenham uma função importante em nossas vidas. E algo igualmente importante: não podemos eliminar as emoções de que não gostamos. Devemos sentir dor, senão não sentiremos prazer. Quando aceitamos que a dor e as emoções difíceis fazem parte da experiência humana, pararemos de lutar contra elas. Se não as combatermos, então evitaremos que se multipliquem.

Se tiver dificuldades em aceitar essa ideia, fique tranquilo — você não está sozinho. Talvez reconheça a Oração da Serenidade:

Senhor, conceda-me serenidade para aceitar o que não posso mudar, coragem para mudar o que posso e a sabedoria para distingui-los.

Essa oração simples é usada em programas de doze passos para superar vícios (sejam aqueles que você reconhece ou não). Também pode ser útil para conscientizar-nos mais de conflitos e encontrar maneiras de transformá-los. E você não precisa praticar nenhuma religião específica — ou qualquer religião — para captar a mensagem.

Então, o que *não* podemos controlar? Não podemos controlar nossos pensamentos, nossas sensações corporais, nossos impulsos e compulsões, nossas emoções e o comportamento dos outros. O que *podemos* controlar? Nosso comportamento em resposta a tudo que não podemos controlar, isto é, as escolhas que fazemos e as ações que tomamos. Isso faz sentido? Sente-se mais forte ao saber o que você tem controle sobre na sua vida?

 * **kelly** * Essa mensagem realmente fala comigo. Porque, para mim, é importante saber diferenciar aquilo que posso controlar e o que não posso. Às vezes, gostaria de ter o controle sobre as ações dos outros. O fato de não ser capaz de controlar a maneira como meus amigos agem, especialmente se isso me incomoda, me deixa frustrada. Mas me sinto muito melhor quando me concentro no que posso fazer. Embora não consiga mudar o comportamento da minha amiga, posso dizer a ela o que esse comportamento me faz sentir. É muito mais produtivo do que ficar frustrada com o que não posso controlar. Por exemplo, uma das minhas colegas de quarto (que é uma amiga próxima) é incrivelmente bagunceira. Às vezes, consigo ignorar a bagunça e os pratos sujos. Outras vezes – principalmente quando estou estressada com a escola –, isso realmente me incomoda. Fico com raiva e gostaria de simplesmente transformá-la em uma pessoa

mais organizada. Não importa o quanto falemos sobre isso, o comportamento dela realmente não muda, mas acho importante compartilhar com ela como me sinto. Outra coisa que faço para me sentir melhor é focar o meu próprio espaço. Vou para o meu quarto, organizo-o e encontro algum conforto nisso.

Costumamos receber muitas orientações ao longo da nossa vida que nos dão a impressão de que podemos controlar nossas experiências internas da mesma forma que podemos controlar objetos materiais em nosso ambiente (por exemplo, se odiamos uma camisa, podemos jogá-la fora ou doá-la). Ouvimos frases como "Acalme-se", "Não se preocupe", "Não fique triste", "Controle-se", "Relaxe" e assim por diante. Quando crianças, costumamos aprender a não tocar em um fogão quente senão nos queimaremos. Então o evitamos para não queimar a mão. Isso é bom. Faz sentido que uma experiência como essa nos leve a acreditar que podemos nos livrar da dor interna ao evitar aquilo que a causa. Então, sim, até certo ponto podemos evitar, mas o Capítulo 3 mostrou que, quando isso acontece, perdemos importantes partes da vida.

A emoção do medo, por exemplo, está ligada às nossas crenças negativas sobre nós mesmos. Então o observemos com mais atenção. Segue um pequeno experimento mental para ajudá-lo a entender o problema de tentar controlar suas emoções.

Suponha que eu diga que a qualquer momento um leão entrará na sala e atacará apenas pessoas que demonstrarem medo ou que tentarem fugir dele. Esse leão é incrivelmente sensível e será capaz de detectar o menor traço de medo que surgir em você. Contanto que não sinta medo e não tente fugir, estará completamente seguro e o animal não o comerá. Mas se sentir uma pontinha de medo ou tentar correr, o leão perceberá isso e o devorará.

O que aconteceria? Provavelmente começaria a se sentir apavorado. Consegue controlar esse medo? Consegue se obrigar a não sentir medo?

Que tal correr? Acha que poderia controlar suas emoções se corresse? Consegue se obrigar a não correr? Pode até conseguir parar de correr, mas conseguiria parar de sentir medo?

Agora pense no que aconteceria se eu lhe dissesse que, enquanto acariciar o leão, ele não o comerá. O que você faria? Provavelmente começaria a acariciá-lo, certo? E se eu lhe dissesse que, enquanto alimentar o leão, ele não o comerá? O que faria? Provavelmente lhe ofereceria um pouco de comida. O ponto aqui é que controlar o nosso comportamento e o que fazemos com nossas mãos e pés é muito diferente de tentar controlar nossas respostas emocionais. Pensamentos, sentimentos e sensações não são como objetos no mundo. Não podemos movê-los e controlá-los.

Mudar e controlar nosso comportamento é muito diferente de tentar mudar experiências internas. Não podemos nos relacionar com nossas experiências internas da mesma forma que nos relacionamos com os objetos no mundo. Simplesmente não funciona. Nossos pensamentos, sensações, emoções, impulsos e memórias estão dentro de nós, e não podemos fugir ou escapar de nós mesmos.

Cem por cento das pessoas sentem dor e sofrimento. Em um momento ou outro, todos se sentirão decepcionados, criticados, solitários ou tristes. Já conseguiu remover permanentemente uma emoção? Conseguiu fazer com que determinado pensamento nunca mais surgisse em seu cérebro? Parece até que, quanto mais recusa essas experiências, mais as tem. Quanto mais tenta suprimir a dor que acompanha suas crenças negativas ou se esforça em afastá-la com comportamentos reiterados, mais intensa e dolorosa ela se torna. Resistir à dor emocional ligada a essas crenças apenas a fortalece. Apesar de todos os nossos esforços de controle, essa abordagem torna as crenças negativas mais poderosas.

Experimente isso! Agora, gostaríamos que identificasse pensamentos e sentimentos que tentou evitar. Consegue pensar em situações nas quais as suas tentativas de fugir desses pensamentos ou sentimentos o impediram de fazer algo importante para você? Isso interferiu com algum dos seus valores? Liste-as e descreva como elas limitaram seus esforços para viver uma vida com mais propósito.

Agora, escreva em de um lado de uma ficha pautada os pensamentos ou sentimentos dos quais você tentou se livrar ou evitar. Do outro lado, escreva as áreas de sua vida e os valores que esses esforços de evasão o impedem de buscar e vivenciar. Imagine jogar a ficha fora para se livrar desses pensamentos e sentimentos dolorosos. Percebe o que mais será jogado fora?

Vanessa e a Experiência Dela

Vanessa sempre teve medo de experimentar coisas novas. Ela se sente muito confortável em sua rotina e não gosta de fugir dela. Durante a semana, ela vai à escola e pratica esportes. Nas noites de sexta-feira, ela vai ao shopping com suas duas amigas mais próximas — comem no Chipotle e depois vão ao cinema. Recentemente, uma de suas amigas, Serena, saiu com um novo grupo de colegas da escola. Ela convidou Vanessa e sua outra amiga para irem até a casa de sua nova amiga e encontrar um pessoal na noite de sexta-feira, em vez de irem ao cinema. A princípio, Vanessa ficou ofendida e sentiu que a amiga escolheu outros amigos em vez dela. Ela contou a Serena como se sentia, que respondeu que estava animada para apresentar seus novos amigos aos antigos e que essa seria uma ótima oportunidade para fazer isso. Vanessa disse que deveriam fazer esse programa em outra noite, porque sexta é a noite do cinema. Serena não entendeu a teimosia dela e, no fim das contas, Vanessa passou a noite de sexta-feira em casa.

Esta é a ficha de Vanessa:

O que evito: *O desconforto de conhecer pessoas e experimentar coisas novas*

Meus valores: *Ser uma boa amiga e nutrir minhas amizades*

Quando Vanessa recusou o plano de Serena, ela evitou o desconforto, mas também perdeu a oportunidade de passar um tempo com a amiga, de conhecer pessoas e de fazer novos amigos. Percebe como, ao evitar gatilhos, Vanessa se afastou ainda mais de seus valores?

A dor emocional é o que nos leva a adotar comportamentos improdutivos. Machucamos e não queremos nos machucar, então reagimos para eliminar a dor emocional. Sabemos que esses comportamentos não eliminam a nossa dor. Na verdade, só a aumentam. Não podemos nos livrar de nossas emoções dolorosas ou dos pensamentos negativos — eles sempre surgirão. Então como lidar com emoções dolorosas quando elas vêm à tona? Aprendendo algumas estratégias para aceitá-las. Você provavelmente está se perguntando por que motivo deveria aceitá-las se elas lhe causam dor.

Primeiro, veremos o que acontece quando as emoções emergem em uma situação ou interação que aciona crenças negativas. Temos sentimentos intensos, tão dolorosos e que provavelmente nos lembram de outras vezes em que sentimos essa dor. De repente, estamos naquela nevasca emocional. Não conseguimos enxergar nada no momento presente. Estamos temporariamente cegos e reagimos de maneiras que se tornaram automáticas, mas também inúteis e contraproducentes. Mais uma vez, quando a tempestade emocional se dissipa, percebemos que nossa reação criou problemas adicionais. Como já dissemos, não podemos nos livrar das emoções, mas podemos aprender a tolerá-las e administrá-las. Vejamos como.

Tolerar e Administrar Emoções

Às vezes, nos envolvemos em atividades que nos mantêm em um estado emocional que nos causa dor. Muitas vezes, nem percebemos isso, porque esse se tornou um comportamento automático, e o nosso instinto de sobrevivência nos atrai para esses comportamentos. Há três coisas que fazem nossas emoções funcionarem:

1. Ruminação — pensar sobre a mesma experiência dolorosa vez após vez.

2. Fuga — não encaramos ou aceitamos a emoção pelo que ela é.

3. Comportamento movido por emoção — envolvemo-nos em comportamentos contraproducentes e machucamos a nós mesmos e/ou a outros.

Experimente isso! Consegue se identificar com algum dos comportamentos que mantêm suas emoções dolorosas ativas? Anote-os em seu diário.

Vejamos o que Kennedy escreveu:

Quando eu era mais jovem, sofri um acidente de carro; não fiquei gravemente ferido nem nada, mas foi muito assustador, e frequentemente tenho pesadelos com isso. É por isso que não gosto de andar de carro. Felizmente, moramos em uma cidade pequena, e é fácil andar até à escola. Mas, às vezes, não é possível caminhar para os lugares onde preciso estar. Essas situações me dão muito medo. Penso no acidente. Não consigo evitar reproduzi-lo várias vezes na minha cabeça. O hábito de fugir das situações que acionam meu medo limitou minha vida e meus relacionamentos, o que faz com que eu me sinta pior comigo mesmo e menos confiante quanto à minha capacidade de fazer novos amigos e experimentar coisas novas.

A chave para lidar com emoções difíceis é escolher uma ação ou um comportamento que não faça com que você se sinta pior consigo mesmo ou piore a situação ou o relacionamento. A *tolerância ao sofrimento* é uma habilidade que pode ajudá-lo a fazer uma escolha que não criará consequências adicionais. (Você já deve ter ouvido falar em terapia cognitivo-comportamental, ou TCC; a tolerância ao sofrimento é uma habilidade aprendida em um tipo específico, chamada terapia comportamental dialética, ou TCD, desenvolvida pela psicóloga Marsha Linehan.) O objetivo principal é ajudá-lo a superar a nevasca emocional sem piorar a situação. Já falamos sobre isso nos capítulos anteriores, mas é importante reiterar o fato de que todos os pensamentos, emoções e sensações corporais são temporários e passam com o tempo. Não são permanentes. É importante se lembrar disso ao viver emoções difíceis e sentir um desejo urgente de se livrar delas rapidamente. Como provavelmente já sabe, isso causa mais problemas, mesmo que pareça eficaz a curto prazo.

Atentar-se para como lidou com emoções e situações dolorosas o ajudará a fazer escolhas melhores no futuro. As emoções que vive quando as crenças negativas sobre si mesmo são acionadas geralmente parecem opressivas e intoleráveis. Claro, seu impulso natural é se livrar delas o mais rápido possível. Vejamos como suas reações causam mais problemas. (Trecho adaptado de *The Dialectical Behavior Therapy Skills Workbook* [sem publicação no Brasil] por McKay et al., 2007.)

A seguir, temos os comportamentos com os quais tendemos a nos envolver quando reagimos a emoções dolorosas, juntamente com os custos associados ao relacionamento com eles. Ao identificar aqueles que são relevantes para você, evite se julgar; pratique a autocompaixão e lembre-se de que suas reações fizeram sentido em curto prazo.

> **Comportamentos:** Acusa, critica, desafia ou resiste aos outros
>
> **Custos:** Perde amizades, relações românticas e família; algumas pessoas o evitam; você fere os sentimentos dos outros
>
> **Comportamentos:** Parece ser complacente, mas se rebela e procrastina, reclama, chega atrasado ou tem um desempenho ruim
>
> **Custos:** Atura relacionamentos doentios; causa problemas na escola, no trabalho ou em casa

Comportamentos: Controla os outros como uma maneira de conseguir o que quer

Custos: Afasta as pessoas e as machuca

Comportamentos: Tenta impressionar os outros para receber atenção

Custos: Você deixa de estabelecer conexões reais com as pessoas e as afasta

Comportamentos: Usa de manipulação ou exploração e cede a tentações

Custos: Arruína relacionamentos, cria um clima de desconfiança e afasta as pessoas

Comportamentos: Isolamento, isolamento social, desconexão e afastamento dos outros

Custos: Perde experiências potencialmente agradáveis e boas; sente-se deprimido e solitário

Comportamentos: Autonomia excessiva, parece independente e autossuficiente ou envolve-se em atividades solitárias, como ler, assistir TV ou usar o computador

Custos: Passa mais tempo só e sente-se deprimido e solitário

Comportamentos: Busca animação ou distração através de um comportamento compulsivo, atividades de risco ou exercícios físicos

Custos: Desenvolve problemas de saúde ou em relacionamentos e sente-se envergonhado

Comportamentos: Busca animação através de drogas, álcool e comida

Custos: Desenvolve dependências e vícios e sofre com problemas de relacionamento e consequências na sua saúde

Comportamentos: Escapa através da dissociação, negação, fantasia ou outras formas internas de fuga

Custos: Lida com sentimentos de solidão, vergonha e depressão

Comportamentos: Confia demais nos outros, cede, dependente, comporta-se de maneira passiva, evita conflitos, tenta agradar os outros

Custos: Sobrecarrega relacionamentos com suas necessidades, mas não as satisfaz

No seu diário, liste mais comportamentos e seus custos.

Experimente isso!
Use seu diário para registrar os comportamentos que tem adotado para lidar com as emoções negativas e quais são os custos envolvidos.

Lembra-se da Cary? Ela e sua amiga, Antônia, tiveram uma interação negativa. Ela escreveu o seguinte:

Eu culpei, critiquei e dependia demais da minha relação com a Antônia. Isso comprometeu nossa amizade e a sobrecarregou, além de afetar nosso relacionamento.

Assim, foi capaz de reconhecer o próprio comportamento, assim como os custos e as consequências. Esse reconhecimento possibilitou que Cary pudesse encontrar um controle maior sobre a maneira que age ao lidar com emoções difíceis.

Dor versus Sofrimento

Já falamos sobre a realidade da dor. Esse sentimento faz parte da experiência humana e não há como evitá-lo. No exercício anterior, você se conscientizou das consequências associadas aos comportamentos que pensamos, em um primeiro momento, ser capazes de nossa dor ou interrompê-la por um tempo. Mas esses comportamentos causam mais dor — chamaremos isso de dor ou sofrimento adicional. Podemos eliminá-lo de nossas vidas. Isso não parece ótimo? Inevitavelmente sentiremos dor — isso não é uma opção —, mas não precisamos passar pelo sofrimento adicional — essa é uma opção. Geralmente optamos pelo sofrimento inconscientemente, de modo que há custos adicionais. Ao tentarmos eliminar a dor e o sofrimento que fazem parte da vida, tendemos a nos comportar de uma maneira que gera ainda mais dor e sofrimento.

Agora que você sabe que pode optar por não sofrer mais do que o necessário, precisará de algumas ferramentas para lidar com a dor de um novo jeito. Precisará substituir comportamentos desnecessários por comportamentos saudáveis ou úteis. Além disso, também precisará de comportamentos que o ajudarão a tolerar o período de nevasca — quando está tão sobrecarregado de emoções que se torna incapaz de fazer uma escolha racional e útil.

Atividades de Distração

As atividades de distração são úteis porque nos mantêm ocupados até que a tempestade emocional passe e surja algum distanciamento do evento, situação ou pessoa-gatilho. Elas não servem para ajudá-lo a tentar evitar ou escapar de suas emoções; apenas para levá-lo a um lugar onde poderá fazer uma avaliação mais lúcida. As atividades de distração são uma medida de segurança que o impedirá de se envolver em comportamentos inúteis ou prejudiciais à saúde. Anteriormente, falamos sobre os acidentes de engavetamento de vários carros que vemos nos noticiários quando há uma nevasca. Na maioria das vezes, isso é resultado de pessoas que continuam a dirigir quando a visão do carro ou a visibilidade geral estão prejudicadas ou limitadas. O engavetamento poderia ser evitado se as pessoas parassem de dirigir assim que reconhecessem que as condições tornaram a condução inútil e potencialmente perigosa. As atividades de distração são uma forma de minimizar ou evitar quaisquer problemas adicionais (sofrimento adicional).

* kelly * Quando sinto que uma tempestade emocional se aproxima, tento ao máximo me distanciar física e mentalmente dela. Isso é definitivamente mais fácil falar do que fazer. Mas algo que funciona para mim é, primeiro, distanciar-me fisicamente de tudo o que está me deixando chateada. Se for um evento ou outra pessoa, pedirei licença educadamente e irei a algum lugar que me permita ficar mais calma. Após me afastar fisicamente da situação, também consigo alcançar a distância mental.

Seguem algumas ideias de atividades prazerosas. Use-as como inspiração e experimente qual funciona melhor para você.

Além de servir como distrações, as atividades físicas também geram endorfina, um analgésico e antidepressivo natural. Esta lista foi criada para inspirá-lo. Faça um X ou um círculo e marque as atividades que o atraem:

corrida

natação

jogging

caminhada

mochilão

fazer trilha

esportes de equipe	crossfit
windsurf	agricultura ou jardinagem
andar de bicicleta	kickboxing
golfe	kickball
vôlei	frisbee
balé	lacrosse
spinning	handebol
tênis	alongamento
Zumba	raquetebol
passeio de barco	pedalinho
polo aquático	andar a cavalo
basquete	patinação no gelo
pilates	vôlei aquático
kite surf	escalada
boliche	artes marciais
ioga	patinação freestyle
esqui na neve	pular corda
boxe	patinação urbana
levantamento de peso	andar de caiaque
pesca	rugby
TRX	esqui aquático
hidroginástica	shuffleboard
remo	mergulho autônomo
aula de aeróbica	velejar

mergulho com snorkel	patinação de velocidade
motoneve	softbol
passear com cachorro	trampolim acrobático
snowshoeing	surfe
futebol	luta

Existem outras atividades físicas que podem ser úteis para você? Liste-as na página ou no seu diário.

Segue mais uma lista com outras atividades que podem inspirá-lo. Marque as que o atraem:

leitura	tricô
tempo em família	sinuca
assistir um filme	atividades da igreja
jogos de computador	praia
quebra-cabeças	comer fora
desenho	brincar
alugar filmes	música
ouvir música	cuidar da casa
receber amigos	scrapbooking
fazer compras	crafts
viajar	escrever no diário
dormir e tirar sonecas	assistir esportes
socializar	fotografia
costurar	jogar baralho
pingue-pongue	cozinhar

cuidar do carro   cuidar de animais

escrever   pintura

Há outros hobbies de que você gosta e que poderiam ajudá-lo a lidar com sua dor? Escreva-os aqui ou no seu diário.

Quando passamos por momentos difíceis, é fácil nos limitarmos à nossa experiência e esquecer que existem outras pessoas que também passam por isso. Estudos mostram que nos sentimos melhor quando saímos um pouco de nós mesmos e concentramos nossa atenção em ajudar os outros. Portanto, seguem algumas sugestões de trabalho voluntário. Marque como preferir as atividades de voluntariado que o interessam:

organizações ambientais

bancos de alimentos

bancos de sangue

voluntariado para estudantes

assistência em catástrofes

parques e áreas externas

museus

programas de tutoria

clubes de meninos e meninas

programas de mentoria

programas de alfabetização

hospitais

resgate de animais

casas de repouso

cohousing sênior

abrigos para moradores de rua

bibliotecas

organizações políticas

aquários

ONG Habitat Brasil

mutirões de limpeza

jardins comunitários

voluntariado profissionalizante

escrever a uma pessoa que esteja em combate

Olimpíadas Especiais

voluntariado em creches

Cruz Vermelha

Experimente isso! Identifique as atividades de distração em cada área (atividades físicas, outras atividades e atividades voluntárias) com as quais deseja começar. Você sempre poderá acrescentar outras atividades mais tarde ou substituir as atividades de que não gosta ou que oferecem uma distração limitada. Escreva-as em seu diário. Além disso, talvez queira colocá-las no aplicativo de notas do seu celular e acessá-las quando não estiver em casa. Quando experimentá-las, fique de olho nas que acredita que funcionam melhor.

O tempo é um elemento a ser considerado ao escolher uma atividade de distração. Identifique atividades que serão úteis quando tiver mais tempo, bem como atividades que serão eficazes quando não tiver muitas horas disponíveis.

* **kelly** * Aqui estão as atividades de distração às quais recorro: respirar fundo dez vezes, sair e tomar um pouco de ar fresco, ligar para meus pais, ligar para um amigo, limpar meu espaço pessoal, ouvir um podcast, ler um livro, fazer exercícios (se não tenho muito tempo, faço apenas uma atividade curta que aumenta minha frequência cardíaca, como polichinelos), beber um copo de água gelada.

Memórias Agradáveis

Quando nos sentimos mal e vivenciamos emoções dolorosas, muitas vezes perdemos de vista as coisas boas que já aconteceram em nossas vidas. Acessar essas memórias pode nos lembrar que esse período ruim é temporário. Em *The Bullying Workbook for Teens* [sem publicação no Brasil] (Lohmann e Taylor, 2013), os autores sugerem fazer uma "caixa de código azul" — uma caixa que contenha coisas que nos lembrem de momentos felizes, agradáveis e divertidos. Inclua objetos favoritos, lembranças, fotos e cartões e cartas que o lembre desses tempos. A caixa não será tão prática se você estiver fora de casa. Por isso, sugerimos algumas alternativas. Tire fotos dos objetos que o recordarão de seus momentos mais agradáveis e crie um álbum de fotos em seu celular, o qual permanecerá acessível sempre que precisar de ajuda para sair de uma fase ruim. Você pode pedir a alguém que ama para gravar um áudio em seu celular para ouvir quando precisar lembrar de que não está sozinho. Pode também criar uma área no seu espaço pessoal (quarto ou dormitório) com fotos das pessoas que ama.

kelly Minha "caixa de código azul" é uma minicoleção de cartas de meus amigos e familiares que leio para me lembrar de como sou amada e apoiada. Enquanto escrevo, sentada em meu quarto, olho para minha pilha de cartas — as que estão no topo são do meu aniversário mais recente. Isso me faz sorrir, mesmo quando o meu "aqui e agora" talvez seja triste. Em casa, criei um quadro de avisos na parte de trás da minha porta com fotos, (mais) cartões e outras recordações, como ingressos de shows e eventos esportivos, para me lembrar de todos os bons momentos que tive em minha vida. Isso me dá esperança para os tempos maravilhosos que virão!

Ligue os Pontos

Neste capítulo, você aprendeu mais sobre suas emoções, bem como por que precisa delas — até mesmo daquelas de que não gosta. Aprendeu também como aceitá-las. Quando as crenças negativas são acionadas, somos inundados por emoções dolorosas que podem parecer opressivas e intoleráveis. Nossa reação a essa dor pode criar sofrimento, mas um sofrimento evitável, desde que nos conscientizemos de nossa experiência e nos lembremos de nos envolver em atividades que forneçam o tempo de que precisamos para superar a nevasca emocional. Depois de avaliar a situação com mais clareza, poderemos fazer escolhas que nos guiem em direção aos nossos valores. Agora você possui uma melhor compreensão de suas crenças negativas, bem como de sua relação com seus pensamentos e emoções. No próximo capítulo, examinaremos mais de perto as reações comportamentais e as habilidades de comunicação.

capítulo 7

Comportamentos e Formas Úteis de se Comunicar

No Capítulo 2, você se conscientizou das armadilhas e gatilhos associados às suas crenças sobre si mesmo e sobre os outros. Nos momentos em que experienciamos algumas situações capazes de desencadear nossos sentimentos de inadequação, indignidade, imperfeição ou fracasso, é muito provável que os nossos comportamentos venham a expressar nossos pensamentos e emoções. Isso acontece sobretudo quando nos esforçamos para deixar de nos sentir mal, ao ignorarmos que nossas ações são pautadas por necessidades impulsivas.

Pode ser que nossos comportamentos involuntários forneçam algum tipo de alívio temporário em relação à incidência de pensamentos negativos, emoções desconfortáveis e sensações em geral que nos acometem. No entanto, depois que esse respiro desvanece, é provável que nos sintamos tão mal quanto antes ou até mesmo pior do que nos sentíamos. Como já discutimos, nossos comportamentos servem como mecanismos de defesa, mas estão mais interligados ao nosso instinto de sobrevivência que, uma vez acionado, faz com que reajamos de forma combativa, fugitiva ou na mais pura inércia. Essa reação serviu a um propósito muito útil para nossos ancestrais, que frequentemente eram desafiados por situações de risco de vida. Mas, para a maioria de nós, nos tempos atuais, não possui mais nenhuma serventia. Nós, humanos modernos, ainda enfrentamos algumas ameaças que exigem uma reação imediata e capaz de salvar uma vida, como, por exemplo, pular para longe de um carro que se aproxima. No entanto, o que é mais comum no nosso dia a dia é nos depararmos com situações-gatilho que apenas *parecem* ameaçar nossa vida.

Quando vivemos uma situação que parece ter o potencial de revelar um lado nosso que, na nossa opinião, é imperfeito ou inadequado, faz sentido reagirmos como se nossa vida estivesse em perigo. Neste capítulo, o ajudaremos a entender mais profundamente esse tipo de reação, ao vincular seus comportamentos às virtudes identificadas no Capítulo 3 e, assim, mudar sua perspectiva para permitir que você se torne mais flexível diante de suas reações aos eventos-gatilho. Em conclusão, queremos ajudá-lo a ganhar consciência quanto as respostas comportamentais úteis conectadas aos seus valores. Essa mudança de comportamento não eliminará a dor de ser uma pessoa imperfeita em um mundo imperfeito, mas evitará o sofrimento adicional que sente ao reagir por meio de comportamentos improdutivos.

* kelly * Quando estou estressada ou sobrecarregada com uma grande tarefa que preciso realizar, seja um grande trabalho escolar ou uma conversa difícil com um amigo, muitas vezes invento desculpas para mim mesma sobre por que devo esperar para fazer isso, porque preciso fazer outras coisas primeiro, e assim por diante. Isso acontece basicamente porque me sinto intimidada. Nessas situações, gasto tempo em projetos menos urgentes — um tempo que deveria investir na tarefa que devo cumprir. Isso faz com que eu comece a adiantar minha leitura de história ou decida que esse é o momento perfeito para revelar fotos das férias em família do último verão e finalmente adicioná-las à minha parede de fotos. Sei que estou evitando o

que realmente preciso fazer, mas faço isso assim mesmo, porque essa atitude me distrai do que realmente penso sobre mim. Além disso, eu não teria que fazer essas coisas em algum momento? Isso é totalmente produtivo, certo? Hum... no fim das contas, esse comportamento sai pela culatra. Como consequência, me dedico à tarefa principal somente no último momento. Como não me dei tanto tempo quanto deveria, sinto-me incrivelmente frustrada, porque sei que o resultado não ficou tão bom quanto poderia ter sido.

Percebe como a reação inútil a uma situação faz com que nos sintamos pior a longo prazo, porque reforça nossos sentimentos de inadequação, indignidade, imperfeição ou fracasso?

Experimente isso! Identifique situações-gatilho recorrentes, juntamente com seus pensamentos ou crenças, emoções e sensações associados, assim como a sua reação. Agora escreva quais são as consequências que experimenta após agir de acordo com seu impulso comportamental.

Quando se torna consciente das consequências, você consegue vislumbrar como esses comportamentos resultam em mais dor, e reforçam suas crenças sobre si mesmo?

Entre uma situação-gatilho e uma reação instintiva, consegue se imaginar levando o tempo necessário para agir de acordo com o seu desejo de fazer uma escolha diferente?

* **kelly** * Anotei o seguinte, com base na experiência que descrevi.

Situação-gatilho: *Uma grande tarefa da escola*

Pensamentos ou crenças: *Será difícil demais, não sou tão inteligente assim para dar conta disso, não me sairei tão bem quanto gostaria*

Emoções: *Preocupada, estressada*

Sensações físicas: *Dor na barriga, cansada ou com dificuldade para dormir à noite*

Reação comportamental ou desejo urgente: *Ignoro essa grande tarefa e foco alguma outra coisa para me distrair*

Consequências: *Fico ainda mais estressada, não me saio tão bem quanto gostaria — exatamente como temia no início*

Dentro dessa perspectiva, queremos reforçar um fato importante: há alternativas. Podemos fazer uma escolha diferente. O nosso padrão de comportamento não precisa ser o modo de sobrevivência.

Embora essa mudança possa parecer simples, certamente não é uma ação fácil. A reação comportamental de sobrevivência é automática e muitas vezes escapa à nossa consciência — sequer precisamos pensar nela, porque o piloto automático foi ativado. Para escolher outra reação, uma resposta comportamental baseada em valores, é necessário ter o domínio da consciência e da atenção plena (como discutimos no Capítulo 5) — focar, a partir delas, o momento presente. Ou seja, aderir ao oposto do piloto automático. No entanto, com o tempo, o comportamento baseado em valores será cada vez mais incorporado, tornando-se assim mais natural. Mas antes que isso aconteça, precisamos identificar alguns tipos muito específicos de respostas comportamentais úteis.

Experimente isso!

Pense na situação-gatilho e na reação comportamental do exercício anterior. Agora pense na sua resposta comportamental baseada em valores nessa situação. Quais são os potenciais benefícios associados a essa escolha?

Agora, imagine como poderia se sentir diferente sobre si mesmo se mudasse o seu comportamento automático atual para um comportamento orientado por valores.

Quando reflete sobre uma reação comportamental automática versus uma resposta mobilizada pelos seus valores, consegue comparar e contrastar o que sente sobre si mesmo e quais são as reações das outras pessoas diante das diferentes situações?

 * kelly * Eis o que eu escrevi:

Situação-gatilho: *Uma grande tarefa da escola*

Reação comportamental automática: *Ignorar essa grande tarefa e focar alguma outra coisa para me distrair*

Reação comportamental orientada por valores: *Dar a devida atenção ao que precisa ser feito, trabalhar nela*

Possíveis benefícios: *A tarefa será feita como desejo e diminuirá o estresse desnecessário*

Experimente isso! Agora, diante da mesma situação-gatilho, compare e contraste a maneira como as diferentes ações (reação comportamental automática versus resposta orientada por valores) fazem você e os outros se sentirem.

 * kelly * Completei o exercício da seguinte forma:

Reação comportamental automática: *Ignorar essa grande tarefa e focar alguma outra coisa para me distrair*

Sentimentos sobre mim mesma: *Não sou inteligente o suficiente para isso*

Reações dos outros: *Ela não deve se importar muito com a tarefa*

Reação comportamental orientada por valores: *Dar a devida atenção à grande tarefa, trabalhar nela*

Sentimentos sobre mim mesma: *Sou bem-sucedida*

Reações dos outros: *Ela trabalha duro*

Percebe o lado positivo de fazer uma escolha diferente daquela que está acostumado?

Outro aspecto importante ao se fazer uma escolha útil é optar por um tipo de comunicação que possa construir e fortalecer os relacionamentos que desenvolvemos com as pessoas na nossa vida. Agora, vejamos um pouco mais de perto a forma que nos comunicamos.

O que a Sua Comunicação Diz Sobre Você?

Conforme assumimos um comportamento reativo às nossas crenças negativas, é provável que a forma como nos comunicamos também esteja desalinhada — talvez sejamos muito duros, ou muito tímidos, ou quem sabe pouco claros e ineficazes. Expressar nossos sentimentos pode ser uma tarefa desafiadora. Talvez, no calor do momento, nós nos comunicamos com raiva. Ou então, diante de uma experiência-gatilho, facilmente mal interpretamos o que os outros querem dizer, porque só conseguimos enxergá-los através do filtro de crenças negativas.

Já falamos sobre os pensamentos e sobre a necessidade de mudar o nosso relacionamento com eles. Agora, você sabe que, quando nos apegamos aos nossos pensamentos, eles tendem a confirmar ou reforçar crenças negativas. O mesmo é verdade para as declarações de outras pessoas. É fácil nos apegar a certas palavras-chave ou a algumas declarações e depois filtrá-las através das lentes das crenças. Isso geralmente nos impede de ouvir a mensagem completa, porque nos apegamos à parte que confirma o que acreditamos e as projeções que pautamos.

Para se tornar um melhor ouvinte, você deve primeiro observar sem avaliar ou julgar. Quando vivemos uma situação-gatilho, somos inundados por pensamentos e emoções negativas — entramos na nevasca, lembra? Então, provavelmente nos fixaremos em comentários que confirmem o que acreditamos sobre nós mesmos e nossas expectativas sobre os outros. Quando isso acontece, não há flexibilidade nos nossos pensamentos — os adotamos junto com comportamentos fixos (involuntários) que reforçam nossas crenças negativas. Talvez ao tirar conclusões precipitadas sem examinar a situação com atenção. Ou, sem saber, apresentar-se aos outros como uma pessoa crítica, inflexível e reativa. Conscientizar-nos da nossa experiência (como fez no Capítulo 2), ao investigá-las atentamente, pode nos ajudar a fazer a transição entre uma comunicação improdutiva para uma outra muito mais produtiva. Com essa mudança, nos tornaremos pessoas curiosas, que desejam entender mais sobre o que acontece ao redor antes de tomar qualquer decisão ou reação precipitada.

Muitas das nossas crenças negativas operam fora da nossa consciência, conduzindo os comportamentos e a comunicação de maneiras que não percebemos totalmente. Quando vivemos um gatilho e temos um forte desejo de reagir, devemos focar nessa sensação e usá-la como um sinal de que precisamos desacelerar e ganhar tempo para analisar o que está acontecendo naquele momento.

O *viés da confirmação* pode ser um grande obstáculo para uma comunicação saudável. Essa é a tendência de ver apenas o que sustenta nossas crenças e nossa história. Quando as crenças negativas são acionadas, nossa mente pega um atalho e prevê o resultado com base em experiências passadas; não há espaço para informações que possam refutá-las. Essa é uma medida de proteção — nós também temos um viés de negatividade que nos protege de danos —, mas como você provavelmente já sabe, ela também pode causar alguns problemas. Sobretudo em relação a escutar outros.

Habilidades de Escuta

Ser um bom ouvinte é essencial para uma comunicação saudável e para construir relacionamentos significativos e duradouros. Antes de apresentarmos as habilidades de escuta ativa, analisaremos os bloqueios.

Bloqueios de Escuta

Não é nenhuma novidade quando afirmamos que existem distrações constantes em nossa vida diária que nos impedem de assumir uma comunicação melhor com o mundo ao nosso redor. Na melhor das hipóteses, diante de tantas distrações, encontraremos dificuldade em sermos bons ouvintes. Mas quando adicionamos as crenças negativas que surgem de gatilhos, isso se torna uma missão impossível. Quer saibamos, quer não, todos nós fazemos uso dos bloqueios de escuta. E esse é um comportamento comum que atrapalha o desenvolvimento de conexões mais profundas com os outros.

Tipos de Bloqueios de Escuta

Agora, nos concentraremos em alguns dos bloqueios que atrapalham nossa comunicação com os outros. Abaixo segue uma lista daqueles aos quais costumamos recorrer, principalmente nos momentos em que nossas crenças são ativadas. Quando não estamos totalmente presentes durante uma experiência que nos desafia, esse comportamento gera obstáculos na compreensão sobre o que a outra pessoa quer dizer, limitando nossa capacidade de nos comunicar de forma eficaz. Em geral, esses bloqueios costumam ser reações involuntárias a possíveis experiências-gatilho que acontecerão em nossa vida. Identifique, portanto, com quais deles você se identifica:

> *Comparação* Não ouve a conversa porque está focado em se comparar com a outra pessoa e/ou situação.

Telepatia No lugar de ouvir o que a pessoa realmente quer dizer, concentra-se em desvendar quais são os pensamentos e sentimentos "verdadeiros" por trás daquelas palavras. Isso acontece bastante nos momentos em que suas crenças são acionadas, ao utilizar suas experiências passadas para tentar prever o que acontecerá.

Antecipação Ocupa-se ensaiando o que dirá, em vez de ouvir atentamente.

Filtragem Deixa sua mente vagar ou para de ouvir quando escuta determinado tom ou surge um assunto que considera desagradável ou que representa um possível gatilho.

Julgamento Em vez de ouvir o conteúdo da conversa, prefere julgar as atitudes que tal pessoa possa ter. Em conversas-gatilho, isso acontece com frequência.

Discussão Está pronto para discordar ou debater.

Autoafirmação Seu objetivo principal na conversa é não ser visto como errado.

Desvio Muda de assunto para desviar o rumo da conversa. Essa pode ser uma das suas táticas-coringa para evitar revelar as partes de si mesmo que possam expor suas falhas.

Apaziguamento Está tão focado em parecer gentil e solidário (muitas vezes para evitar críticas) que não ouve realmente o que é dito.

Experimente isso! O primeiro passo para superar bloqueios de escuta é identificá-los e traçar as ligações entre eles e os possíveis domínios, pessoas e situações em que se manifestam. Escreva esse exercício em seu diário, sendo o mais específico e detalhado possível.

* **kelly** * No domínio da família, luto com o bloqueio de escuta da "telepatia". Como conheço tão bem todos os meus parentes mais próximos, muitas vezes presumo que já sei o que dirão antes mesmo que o façam, principalmente durante uma discussão. Por exemplo: "Sim, mãe, sei que quer que eu arrume minha cama e que finalmente lave algumas das minhas roupas." Esse comportamento está relacionado à ideia de que me preocupo com a possibilidade de minha mãe me criticar, mesmo antes de saber sobre o que ela quer falar. Normalmente, isso fará com que o outro membro da família se sinta frustrado, o que na verdade piora a interação, o que seria bem diferente caso tivesse ouvido com franqueza.

Percebe como suas crenças negativas atrapalham uma comunicação saudável, principalmente ao criarem um especilho na escuta sincera sobre o que a outra pessoa deseja comunicar? Se não nos tornamos conscientes dos nossos bloqueios, ficaremos presos em um padrão de comunicação que provavelmente terá como consequência a ênfase de nossas crenças negativas.

Expressar-se

A habilidade de se expressar é um outro aspecto fundamental da comunicação. Talvez você não tenha aprendido a expressar suas necessidades de maneira eficaz ou talvez tenha decidido que as atitudes dizem mais do que palavras. Talvez tenha até desistido da ideia de ter suas necessidades atendidas, e quando se sente imperfeito, sem valor ou insuficiente, é ainda mais provável que chegue a essa conclusão. Talvez você se preocupe que os outros o critiquem ou zombem de você caso venha a manifestar aquilo que deseja ou talvez acredite que os desejos dos outros têm prioridade sobre os seus.

Identificar suas necessidades e sentimentos é um empreendimento difícil. Além disso, eles pode nos assustar por nos fazerem sentir vulneráveis, além de decepção, tristeza, solidão, depressão, raiva e saudade. Para evitar identificá-los e nos proteger, escondemos partes de nós mesmos dos outros, uma vez que pensar nelas desencadeia sentimentos desconfortáveis.

E quando vivemos um momento de gatilho, a emoção negativa envolvida nele pode ser tão avassaladora que encontramos algumas dificuldades para identificarmos nossos sentimentos e necessidades. Em outras palavras, diante de uma situação como essa, nossa reação pode ser a raiva e a afronta. Mas, quando não houver mais o esgotamento emocional, perceberemos que, na verdade, estávamos tristes. Isso porque a tristeza parece mais vulnerável do que a raiva. Lembra de Cary, do capítulo anterior? Ela sentia falta de Antônia, mas em vez de confessar à amiga que desejava que passassem mais tempo juntas, Cary brigou com ela. Foi somente após o esgotamento emocional que ela conseguiu identificar seus verdadeiros sentimentos e necessidades.

Experimente isso! Em dado momento, revise os exercícios que já completou. Consegue identificar necessidades que nunca expressou antes? Percebe que ocultar partes de si mesmo das quais não gosta também resulta em esconder suas necessidades dos outros? Consegue rastrear os momentos que representam uma maior dificuldade no processo de expressar seus desejos? Escreva sobre isso em seu diário.

* **kelly** * Por mais que eu realmente me empenhe nesse aspecto, ainda acho muito difícil expressar minhas necessidades o tempo todo. Por exemplo, tem momentos, na faculdade, em que gostaria de um tempo sozinha para relaxar e descansar entre as aulas, reuniões do clube e momentos de diversão com os amigos (às vezes preciso disso mais do que os outros!). Mas, quando al-

gum deles me chama para alguma coisa ou quer fazer alguma atividade comigo no campus, é desafiador explicar que também preciso ficar sozinha. No entanto, se ignoro essa necessidade, me torno uma pessoa menos divertida de se interagir, além de ficar bem mais cansada do que já estava.

Experimente isso! Quando lida com crenças negativas, você passa a ser constantemente bombardeado por pensamentos negativos que são gerados pela sua mente sem que possa controlá-los. Aprendemos sobre a importância do mindfulness para se distanciar desses pensamentos e, assim, não se apegar a eles. Mas o que acontece quando os comentários críticos vêm de outras pessoas? Como você recebe essas críticas? Como lida com isso? E como responde a elas?

kelly Já tive muita dificuldade para lidar com críticas quando era menor. Naquele tempo, ignorava o fato de que poderiam vir de um lugar construtivo; presumia que, quando alguém nos critica, é porque essa pessoa está chateada ou não gosta de algum aspecto nosso. Agora sei que isso não é verdade e tenho trabalhado para ser mais aberta a críticas, principalmente se vêm de pessoas que se preocupam comigo e que zelam pelo meu bem-estar.

Experimente isso! Separe um momento para anotar quais costumam ser as suas respostas habituais e instintivas quando recebe uma forma de comunicação externa como crítica. Você contra-ataca com outras críticas, fica na defensiva, coloca panos quentes, muda de assunto, retrai-se, fecha-se, critica-se ou pede desculpas imediatamente para não ter que ouvir mais nada? Explore suas respostas em cada um dos domínios.

É provável que, durante um bom tempo da sua vida, você tenha se ocupado em reagir às críticas reais e presumidas vindas de outras pessoas. Essa atitude o impediu de identificar suas necessidades, assim como de aprender a expressá-las. Talvez, em algum outro momento, você tentou expressá-las e sentiu que não importavam tanto ou que eram menos importantes do que as necessidades dos outros. Talvez tenha vivido essa experiência com as pessoas de um modo geral ou talvez tenha sido despertada com alguns indivíduos específicos ou com certos tipos de pessoas. Seus desejos podem ter sido recebidos com rejeição ou julgamento em algum lugar do passado.

Talvez essa prática de expressar as suas necessidades seja uma novidade na sua vida. Você sente que, para ter o seu desejo atendido, precisa explicá-lo a outra pessoa. E é provável que, para agradar aos outros, obter aprovação, ou evitar desapontá-los e, assim, não sofrer nenhuma consequência, negue suas próprias necessidades. Também sente que, nos relacionamentos, seus desejos nunca são atendidos e, durante a maior parte do tempo, é você quem atende às demandas externas.

Experimente isso! Pense em uma situação recente em que uma necessidade sua não foi expressa ou que sentiu que falhou ao tentar manifestá-la. Anote os detalhes que lembrar.

Percebe a importância de reconhecermos nossas necessidades no momento em que elas se manifestam e de expressá-las quando for apropriado? Não viveremos no momento presente enquanto nossas crenças negativas forem acionadas. Por isso, demandaremos coisas relacionadas a experiências passadas ou a medos sobre o futuro. No que diz respeito a expressarmos nossas necessidades, geralmente essa atitude levará a solicitações que não condizem com o que vivemos agora. Nesse sentido, nossas demandas atuais se misturam às demandas do passado que nunca foram expressas. Muitas vezes, quando finalmente conseguimos expressá-las, elas são transmitidas junto a emoções negativas que parecem desalinhadas com a situação atual. No entanto, isso é compreensível e acontece com todo mundo. Lembre-se da importância de praticar a autocompaixão ao reconhecer essas necessidades não expressas do passado que ainda o afetam no presente.

Escuta Ativa

Nossas crenças negativas nos sensibilizam para mensagens que indicam que algo está errado conosco. Provavelmente, nessas situações, entendemos de forma equivocada as diferentes formas de comunicação ou simplesmente presumimos que a outra pessoa disse algo negativo sobre nós e não pedimos outros esclarecimentos. É possível que isso aconteça pessoalmente, mas quase sempre as falhas de comunicação acontecem por mensagens, já que, em textos breves, não podemos visualizar a linguagem corporal da outra pessoa, tampouco ouvir o tom de sua voz. Essa configuração é realmente um prato cheio para conversas atravessadas. Porém, a escuta ativa pode ajudar a eliminar esses mal-entendidos. Sugerimos então três passos em direção a ela; no entanto, eles se adequarão melhor a conversas por telefone ou cara a cara.

Passo 1: Paráfrase

Parafrasear é usar suas próprias palavras para expressar o que a outra pessoa disse. Esse recurso é especialmente importante em conversas em que o assunto aciona suas crenças negativas. Ao fazer isso, você interrompe a falha de comunicação no momento em que ela acontece. Além disso, parafrasear também contribui para uma comunicação clara, livre de mal-entendidos que podem ser distorcidos por conta das suas crenças.

Exemplo: "Se eu ouvi direito, você quer dizer que..."

Passo 2: Esclarecer

Esclarecer é uma extensão da paráfrase que envolve fazer perguntas até obter uma compreensão clara sobre o que é comunicado. Essa etapa aumenta o seu acesso às informações em jogo em uma conversa, ajudando-o a preencher os detalhes sobre o que é dito ou até mesmo captar melhor o humor de alguém. Quando cultivamos uma crença negativa, no momento em que alguém expressa algum aborrecimento, logo presumimos que fizemos algo errado.

> *Exemplo:* "Você parece chateado. Foi algo que eu fiz?"

Passo 3: Dar um Retorno

O passo final é juntar as informações ditas durante a conversa e falar sobre sua reação de forma imparcial. Essa é uma oportunidade para compartilhar pensamentos e sentimentos. Dentro da sua experiência, pode ser que você tenha entendido a mensagem que lhe foi comunicada, mas não está certo do que a outra pessoa sente. Essa é uma oportunidade de se conectar mais profundamente com ela.

> *Exemplo:* "Eu entendo o que você quer dizer, mas poderia falar um pouco mais sobre como se sente?"

Dar algum tipo de retorno para a outra pessoa também será útil para você, pois, assim, ela poderá entender melhor a eficácia da própria comunicação e corrigir rapidamente quaisquer percepções errôneas ou possíveis mal-entendidos. É importante que o retorno aconteça no momento da conversa e que seja honesto (com bondade e compaixão) e solidário.

Ligue os Pontos

É bastante desafiador se comprometer com um comportamento produtivo e incluir uma comunicação saudável. Compreender os benefícios do comportamento e da comunicação alinhados com seus valores pode ser uma grande fonte de motivação. Quando ouvimos o que os outros têm a dizer e conseguimos nos expressar sem os bloqueios associados às nossas crenças negativas, conectamo-nos mais profundamente com todos a nossa volta. Através dessas conexões, nossa vida e a dos demais também melhorará. Assim, estaremos cada vez mais próximos de compreender e acreditar que não precisamos ser nada além do que já somos!

capítulo 8

Como me Mantenho nos Trilhos?

Nós esperamos que, agora que chegamos quase ao fim da leitura de *Exatamente como você é,* você se sinta mais apto a identificar suas crenças negativas sobre si mesmo, assim como a forma como elas influenciam seus comportamentos e o que você pode fazer para eliminá-las, de modo a alcançar uma vida mais feliz e pautada nos seus valores. Mas se isso parece fácil já é uma outra história. Porque, bem, é claro que não é. Como já mencionamos ao longo dos capítulos deste livro, todos nós travamos nossas próprias lutas. E todos nós também lutamos para superar cada uma delas.

Caso precise de ajuda nessa missão, desejamos que este capítulo final sirva como uma versão resumida de todos os outros, ao qual poderá retornar sempre que for necessário. Nele estão todas as referências para qualquer um dos outros capítulos — assim como os temas e os principais exercícios para refrescar sua memória sobre as ferramentas que destacamos ao longo de todo o livro. Assim, você poderá se manter sempre focado!

Vislumbre dos Capítulos

No Capítulo 1, "O que há de errado na forma como eu me vejo", nós discutimos as crenças que possuímos sobre nós mesmos e refletimos sobre o modo como são formadas. Lembre-se das histórias compartilhadas lá no início por vários adolescentes, nas quais cada um relatava quais eram as partes da própria vida que sentiam a necessidade de esconder. Quando você escreveu o seu próprio relato, qual ou quais partes de si mesmo sentiu que precisava camuflar? Ainda são relevantes para você atualmente? Em qual domínio — em qual área da sua vida — isso parece se manifestar de uma forma particularmente relevante?

Não queremos que você se apegue à sua história, mas é necessário continuar se conscientizando cada vez mais das crenças que o impedem de desenvolver a sua autenticidade em plenitude e que dificultam a criação de conexões profundas com os outros. O que nós desejamos, idealmente, é que continue a acompanhar aqueles domínios que são afetados negativamente por suas crenças. Através dessas informações, você poderá traçar os pontos de encontro entre suas crenças e as ações que resultam delas. Ao conseguir realizar ações que não estão interligadas às suas crenças, será mais fácil identificar o que você anseia (isto é, os comportamentos involuntários que ativava no passado).

No Capítulo 2, "Por que me comporto desse jeito?", explicamos como um gatilho específico pode desencadear pensamentos e emoções negativas e como esses, por sua vez, também resultam em um comportamento negativo. Você identificou, na sua vivência, quais são os eventos, pessoas e situações que representam tais gatilhos. Muitas vezes, diante dessas experiências, adotamos um tipo de comportamento que, a curto prazo, traz a falsa sensação de bem-estar, mas que, a longo prazo, mostra-se prejudicial e improdutivo. No fim das contas, esses comportamentos que surgem com o objetivo de fazer com que você se sinta melhor consigo mesmo podem piorar o seu conflito interno. Um lembrete importante é que temos o poder de escolha sobre as nossas reações. Mas se precisar de um pontapé inicial, reveja a seção intitulada "Comportamentos e experiências que acionam gatilhos". Lá, listamos comportamentos e experiências com os quais você poderá se identificar. Leia-os novamente; pode ser que outros tópicos cruzem o seu pensamento. Como já dissemos em outros momentos, o primeiro passo para fazer escolhas diferentes rumo a uma maior autoestima e, com isso, viver a vida que deseja, é conscientizar-se de seus comportamentos e experiências. Para isso, adoramos usar uma técnica chamada "árvore de decisão". Funciona assim: anote um evento ou situação que represente seus gatilhos e desenhe duas setas que partem dessa palavra — uma significa o comportamento involuntário que costumava ter e a outra significa o comportamento que o trará cada vez mais próximo de seus valores. Desenhe outra seta para cada comportamento e acrescente as consequências para ambos. Uma nova consciência sobre o poder de suas escolhas nasce ao olhar esse exercício materializado no papel.

Já no Capítulo 3, "Descubra o que realmente importa para você", colocamos as virtudes em pauta e refletimos sobre como viver uma vida baseada nelas ajuda a modificar comportamentos improdutivos. Quando mobilizam suas ações, você se comporta de uma maneira que o faz se sentir melhor consigo mesmo. São essas as suas intenções valiosas. Agir de acordo com seus valores não é uma tarefa fácil. Portanto, antes de mais nada, é importante ter em mente quais virtudes realmente importam em sua vida. Nossa sugestão é que mantenha uma lista de suas virtudes e intenções valiosas. Essa lista o lembrará do que de fato importa para você e como priorizar esses tópicos no seu dia a dia. No início de cada semana, sugerimos que se conscientize de suas virtudes, pois são elas que se relacionam com as áreas da sua vida que você considera particularmente desafiadoras. No final de cada semana, revise sua lista e cheque o seu desempenho. Lembre-se: não se trata de buscar a perfeição, mas sim o progresso!

Explicamos a importância da autocompaixão durante todo o Capítulo 4, intitulado "Conecte-se consigo mesmo e com os outros". Como mencionamos, seus sentimentos de autovalorização se intensificam de acordo com a autocompaixão, e, ao longo do tempo, a tendência é que esse senso de amor-próprio permaneça muito mais estável, porque ao ser gentil consigo mesmo, você se julgará de forma justa. Caso não consiga ativar a autocompaixão, faça este pequeno exercício: retorne à meditação de gentileza-amorosa específica para você e para os seus conflitos. Se um aspecto difícil de lidar for o medo do fracasso, sua frase motivacional poderá ser "eu posso me livrar do medo". Faça isso regularmente e expulse de vez o crítico interior da sua vida.

No Capítulo 5, "Atenção Plena e a Mente do Macaco", falamos sobre mindfulness e padrões de pensamento. A atenção plena é uma ferramenta incrível para ajudá-lo a alcançar a autoaceitação. Colocando-a em prática, você poderá evitar pensar sobre arrependimentos do passado ou o medo e a preocupação do futuro. Assim, sem essas distrações na sua consciência, as coisas pelas quais é grato na sua vida serão ressaltadas. Quer ajuda para entrar no mundo da atenção plena? Volte ao Capítulo 5 e encontre nosso exercício de Foco Consciente, uma das etapas para que possa observar sua situação atual como ela realmente é — sem que crenças negativas a distorçam. Isso lhe permitirá não conceder um espaço mental maior aos seus pensamentos e sentimentos, possibilitando-lhe enxergá-los sem filtros — assim, descobrirá que eles não passam de experiências temporárias que demandam uma reação comportamental. Como alternativa ao exercício, há uma gravação de áudio no meu site kellyskeen.com.

No Capítulo 6, "Emoções e o 'eu' no olho do furacão", mergulhamos fundo no universo das emoções, e aprendemos porque até mesmo aquelas que detestamos são necessárias em nossa vida e como podemos aceitá-las (lembra do que falamos sobre o filme *Divertida mente*?). Você também aprendeu sobre a importância de experienciar suas emoções a fim de superar um momento conturbado. Se estiver passando por um esgotamento emocional ou simplesmente precise de ajuda no controle de suas emoções, retorne à seção desse capítulo dedicada às atividades — ali encontrará uma lista de sugestões que funcionam como opções para dar uma pausa no que o perturba, auxiliando-o no encontro de alguma clareza diante das adversidades. Além disso, sugerimos que dê uma olhada nos seus compromissos para a próxima semana e identifique se existe alguma situação ou evento na sua agenda que possa desencadear emoções desconfortáveis. Para cada uma dessas possíveis situações ou eventos, escolha uma atividade de distração que o ajude a superar os diferentes momentos de nevasca emocional. Estar preparado para essas situações é sempre útil.

Por fim, no Capítulo 7, "Comportamentos e formas úteis de se comunicar", refletimos sobre os padrões comportamentais contraproducentes na sua vida, além de providenciarmos uma caixinha de ferramentas que o auxiliam a encontrar, nos seus valores, as respostas para lidar com os possíveis gatilhos que surgirem pelo caminho. Esse capítulo enfatiza a importância da comunicação — uma peça crucial desse quebra-cabeça. Como podemos fazer escolhas em direção a comportamentos que melhoram a nossa vida? Precisamos tomar decisões baseadas nas nossas virtudes. Precisa de alguma ajuda? Relembre então o exercício que propõe a comparação entre uma reação comportamental e uma resposta baseada em valores. A partir dele, você reconhecerá como é importante fazer a escolha de transformar as suas ações!

Além disso, dê uma olhada nas habilidades de comunicação que discutimos no Capítulo 7. Para qualquer pessoa, comunicar-se com os outros é um desafio, especialmente em momentos em que somos submetidos a uma situação-gatilho. Quais são as habilidades que você deve trabalhar? Descobrimos que, quando um gatilho surge, as pessoas tendem a parar de ouvir o resto da conversa. Então, o primeiro passo é se concentrar em ter uma escuta ativa diante dos outros e esclarecer, se preciso for, que entendeu todo o conteúdo da mensagem, e não somente a parte que desencadeou e confirmou suas crenças negativas sobre si mesmo.

Ligue os Pontos — Uma Última Vez

Acima de qualquer coisa, o mais importante é lembrar que a sua jornada em direção à autoaceitação — reconhecer que é bom e suficiente exatamente como você é — requer muito esforço. E ela não será alcançada ao ler este livro apenas uma vez, colocá-lo na estante e seguir com a sua vida. No entanto, uma vez que se comprometer a viver uma vida plena e pautada nas suas virtudes, será possível alcançá-la. E lembre-se sempre: você não está sozinho nessa!

Referências

LOHMANN, Raychelle; TAYLOR, Julia. *The Bullying Workbook for Teens*. Oakland, CA: New Harbinger, 2013.

MCKAY, Matthew; SKEEN, Michelle; FANNING, Patrick; SKEEN, Kelly. *Communication Skills for Teens*. Oakland, CA: New Harbinger, 2016.

MCKAY, Matthew; WOOD, Jeffrey; BRANTLEY, Jeffrey. *The Dialectical Behavior Therapy Skills Workbook*. Oakland, CA: New Harbinger, 2007.

PATERSON, Randy. *How to Be Miserable*. Oakland, CA: New Harbinger, 2016.

SALZBERG, Sharon. *Loving-Kindness: The Revolutionary Art of Happiness*. Boulder, CO: Shambhala, 2002.

Índice

A

abrir-se, 62–69

aceitação, 7, 19

agir por impulso, 32

ameaças, 19

amígdala, 94

amizades, 14

ansiedade, 7, 95

antidepressivo natural, 89

armadilhas, 19–20

árvore de decisão, 137

asset-based thinking (ABD), 55

atenção plena, 71

atividades

   de distração, 111–116, 139

   edificantes, 47

   extracurriculares, 14

   físicas, 112–114

autocompaixão, 51–60, 70, 138

autocrítica, 52–54

autodesvalorização, 7

autoestima, 35

autoproteção, 54–55

B

bem-estar, 49, 71–73

boas qualidades, 33–38

C

caixa de código azul, 116–118

círculo vicioso, 31

comparação, 7, 13

comportamentos, 26–27

   movidos por emoções, 106

   orientados por valores, 82

comunicação eficaz, 124–125, 139

conexões, 56–69

controle, 102–104
coragem, 34
credibilidade, 35
crenças, 5–6, 136
   negativas, 7–14, 94–96
críticas, 130
crítico interno, 52
cuidado, 34

D

dar um Retorno, 133
depressão, 10–11
desabafar, 57
desejos, 65–66
desempenho acadêmico, 12–13
determinação, 35
diversidade, 40
Divertida mente, animação, 93, 101
domínios da vida, 20
dopamina, 89
dor, 101, 111
dúvidas, 40

E

emoções, 93–115, 138
   reprimir, 94
   tolerar e administrar, 106–107
entusiasmo, 35
esclarecer, 133
escola, 12–13
escuta ativa, 132–133, 139
escutar, 126–128
   bloqueios, 126–128
estado de presença, 35
estresse, 94
ética, 34
experiências, 27–28, 66–67
explosões emocionais, 33
expressar-se, 128–131

F

fuga, 106

G

gagueira, 8–9
gatilhos, 120, 136–137
   evitar, 99–100, 108–109, 120–121
gentileza, 34
gratidão, 88–91

H

história de vida, 63
honestidade, 34
hormônios da felicidade, 52
humanidade compartilhada, 58
humildade, 34

I

identificar o que é importante, 33
inadequação, 7
insuficiência, 8
interesses, 62–63
isolamento, 7–9, 56

K

Kelly Skeen, x

L

lealdade, 34
limitado, 1

M

mecanismos emocionais de defesa, 17–23, 30
   cérebro, 19
   meditação, 72–73
   medo, 93–95, 103

memórias, 66
mente aberta, 35
Michelle Skeen, ix
mindfulness, 71–90, 138
   atividades, 87–88
      banho ou ducha, 87
      beber e comer, 86
      caminhada ou corrida, 87

N

nevasca emocional, 96–99, 110, 139

O

ocultar características "ruins", 6–15
opiniões, 64
Oração da Serenidade, 101–102
oxitocina, 52

P

paciência, 35
padrões de pensamento, 79–80
parafrasear, 132
pessoas tóxicas, 23–25
piloto automático, 82–83
prazeres momentâneos, 45–47

preferências, 62–63

presente, 71

pressão, 42–44

R

redes sociais, 7, 45–47

rejeição, 46

relacionamentos amorosos, 79–80

responsabilidade, 34

respostas comportamentais úteis, 122–124, 139–140

ruminação, 106

S

sentimentos, 58

sequestro da amígdala, 94–95

serotonina, 89

sofrimento, 59, 111

solidariedade, 59

T

terapia

  cognitivo-comportamental (TCC), 107

  comportamental dialética (TCD), 107

tolerância ao sofrimento, 107

tomar decisões, 7, 47

trabalho voluntário, 115

V

valores, 64

vergonha, 7

viés da confirmação, 125

virtudes, 39–41, 137

  reavaliação, 48–49

vozes externas, 41–44